Peter Fuchs

Köln – so wie es war

Ein Bildband von
Peter Fuchs

KÖLN
so wie es war

Droste Verlag Düsseldorf

Nachdruck der 7. Auflage mit einem Vorwort zur 8. Auflage.

CIP-Kurztitelaufnahme der Deutschen Bibliothek

Köln – so wie es war
Peter Fuchs – 8. Auflage – Düsseldorf: Droste. 1982.
(Fotografierte Zeitgeschichte)
NE: Fuchs, Peter [Bearb.]
ISBN 3-7700-0626-7

Lithos: Droste Repro
Gesamtherstellung: Rheindruck GmbH, Düsseldorf
ISBN 3-7700-0626-7

Der Blick durch dieses Zier-»D« auf ein ebenfalls zierendes Detail eines Hauses, wie man es an den sogenannten »Gründerzeitbauten« (Bauten nach Gründung des Deutschen Reiches 1871 bis um die Jahrhundertwende) auch in Köln in großer Zahl kannte, ist ein wehmütiger Blick in die Vergangenheit. Nicht wehmütig wegen eines evtl. architekturhistorischen Kunstverlustes (die Neostile – Neubarock, Neurenaissance usw. – werden zunehmend rehabilitiert), sondern wehmütig wegen eines ganz bestimmten Stimmungsverlustes. Denn: In diesem Zier-»D« blitzt etwas vom Gesicht jenes Köln auf, von dem nach der großen Kriegsverunstaltung 1939–1945 und nach dem anschließenden neuzeitlichen Make-up nur wenig übriggeblieben ist; hier wird erinnerlich, was über ein halbes Jahrhundert (etwa 1880–1930) die kölnische Welt, was Heimat und Milieu der vorigen Generation und der vorvorigen Generation war – und das stimmt, ob bedeutender oder unbedeutender Kunststil, wehmütig, da unwiederbringlich verloren. Ganz abgesehen davon, daß das Köln von heute ohne das Köln von gestern und vorgestern nicht denkbar ist.

Diese Bilderschau vom Köln »so wie es war« beginnt bewußt in den achtziger Jahren des vorigen Jahrhunderts, weil in diese Zeit eine auch optisch wahrnehmbare stadtgeschichtliche Wende fiel: Die Beseitigung des alten reichsstädtischen Festungsgürtels und die Ausweitung zur Großstadt. Die Sprengung der siebenhundert Jahre alten Stadtmauer im Jahre 1881 war der Beginn einer neuen Ära für Köln – einer Ära, die den römischen Fundamenten und der mittelalterlichen Bürgertradition die Kontore und Parkette einer neuen Bourgeoisie hinzufügte, wo sich aber auch die sozialen Spannungen der modernen Industriegesellschaft im kölnischen Klima tolerant nivellierten. Diese ebenso aktive wie angepaßte Zeit hätte in Köln lange andauern können; sie wurde nicht aus sich, nicht aus lokalen Spannungen oder aus örtlichem Unvermögen beendet, sondern gewaltsam von außen, durch den Nationalsozialismus und den in seinem Gefolge heraufbeschworenen Zweiten Weltkrieg mit seinen zerstörerischen Bombardements aus der Luft. Der Gang von der hoffnungsvollen Überwindung der einst schützenden, zuletzt aber beengenden mittelalterlichen Stadtmauer bis zum gesamtdeutschen Zusammenbruch wird offenbar und spürbar, wenn in diesem Buch die Gehäuse und das Leben der Stadt vor der großen Zerstörung im Bild vorgeführt und im Wort beschrieben werden.

So ist dieses Werk keine zusammenhanglose Präsentation zufällig aufgefundener alter Fotos, sondern die nach zielstrebigem Suchen und sinnvoller Auswahl rekonstruierte Kulisse einer bestimmten Lebensphase Kölns. Gebäude, Menschen und Ereignisse spinnen den Faden von den achtziger Jahren des vorigen Jahrhunderts bis in die dreißiger Jahre dieses Jahrhunderts. Dabei werden jene Baulichkeiten und Stadtpartien bevorzugt gezeigt, die nicht mehr existieren, weil sie im Zuge des Wachstums schon vor dem Zweiten Weltkrieg abgerissen wurden oder weil sie im Sturm des Krieges untergegangen sind – ein Köln also, das es so nicht mehr gibt.

Daß es so viele »gewesene«, also verschwundene, vernichtete Dinge gibt, daß sie ein ganzes Buch zu füllen vermögen, stimmt traurig, denn das belegt das Ausmaß der Veränderung und der Vernichtung. Gleichwohl: Wer heute sieht, was trotz dieser Verluste überlebt hat oder in alter Form neu erstanden ist, dem wird der geradezu unerhörte Reichtum kölnischer Substanz und die Überlebenskraft dieser Stadt offenbar.

Für die Möglichkeit, diese reiche Bilddokumentation erstellen zu können, habe ich schon im Vorwort der ersten Auflage 1963 dem Kölnischen Stadtmuseum (und dort dem damaligen, inzwischen verstorbenen Direktor Dr. Franz Brill, den Ober- bzw. Hauptkustoden Dr. Jüttner und Dr. Schwering, Frau Dr. Reiff vom Rheinischen Bildarchiv) sowie Dr. Toni Feldenkirchen (dem inzwischen verstorbenen damaligen stellvertretenden Direktor des Verkehrsamtes der Stadt Köln) gedankt; dieser Dank muß hier erneuert werden.

Wenn der Verlag sich entschlossen hat, zwanzig Jahre nach der ersten Auflage die inzwischen nun achte Auflage fast unverändert, jedoch in einem neuen Druckverfahren herauszubringen, so ist das nicht nur Anerkennung der Gültigkeit und Aussagekraft des Werkes, sondern auch ein Beweis für die Zuversicht in das Interesse der heutigen jüngeren Generation für das gestrige, ältere Köln. Den Blick in die Zukunft mit dem Blick in die Vergangenheit zu verbinden wird immer notwendiger und begehrter – hier ist es möglich.

Köln, im Sommer 1982 — Peter Fuchs

Was der Rhein »zu Wasser«, ist die Hohe Straße »zu Land«: nämlich Schlagader Kölns seit Römertagen. Schon bei der Anlage der Stadt 50 n. Chr. galt die von Mainz/Bonn bis Neuss/Xanten durch die befestigte Colonia Claudia Ara Agrippinensis führende Straße als Rückgrat im Stadtnetz. Obwohl nie ein repräsentativer Boulevard, sondern immer von intimer Enge, behielt die Hohe Straße ihre dominierende Bedeutung durch alle Zeiten bis auf den heutigen Tag. Im Mittelalter hatte sie andere, mehrere Namen: Unter Pfannenschläger, Vor den Augustinern, Unter Wappensticker, Unter Sporenmacher, Unter gülden Wagen. Erst die französische Besatzung gab 1813 den verschiedenen Abschnitten des durchgehenden Straßenzuges die einheitliche Bezeichnung »Hohe Straße«. Dieser, von der Ortslage her bezogene Name gilt auch im übertragenen Sinne: Für das Leben und das Wesen Kölns wurde sie wahrhaftig zur »Hohen« Straße. Ihr Zustand und ihre Atmosphäre um 1880, am Beginn der Entwicklung Kölns zur Großstadt, zeigten jene Mischung von Intimität und weltlicher Betriebsamkeit, die für den Charakter Kölns typisch ist. Sie hielt trotz aller Internationalität ihre lokale Note, und sie blieb durch alle Zeitläufte bei aller Lebendigkeit der kölnische »ruhende Pol«. Sie muß auch in einem Rückblick auf das alte Köln am Anfang stehen.

Die Rheinansicht Kölns präsentiert sich auf einem Foto

1 *Hohe Straße um 1880* ▷

vor 1880 (Seite 8) so: Der Dom, jahrhundertelang Ruine und jahrzehntelang Baustelle, trägt noch Gerüst; 1880 wird er vollendet. Das Rheingassentor gähnt müde und dunkel. Es ist, dem Schatten nach zu urteilen, sonnenbrütende Mittagszeit. Am Kai ist die altväterliche Geschäftigkeit erlahmt, die ansonsten aus den befrachteten Schiffen, aus den bestückten Lagerhallen, aus den nahen Hotels zu vermuten ist. Aber das Bild zeigt bereits die »Aufrührer« zu einer hektischeren Zeit: Dampfschiff und Eisenbahn. Die goldene reichsstädtische Zeit des Stapelrechts, da die Schiffe in Köln umladen, ihre Ware hier stapeln und vergünstigt feilbieten mußten, ist vorbei. Der privilegierte Handel ist dem freien Wettbewerb gewichen. Die modernen Verkehrsmittel gelten dabei als Motor — zu Land wie zu Wasser. 1839 wurde die erste Kölner Eisenbahnstrecke vom »Thürmchen« bis nach Müngersdorf als Teilstück der Strecke Köln—Aachen in Betrieb genommen, 1859 die erste Eisenbahnverbindung über den Strom geschlagen. Die schlauchartig viereckige Gitterträgerbrücke nannte der Volksmund »Muusfall« (Mausefalle). Auf speziellen Wunsch König Friedrich Wilhelms IV. von Preußen legte man sie in die verlängerte Achse des Domchores, gleichsam in theosophischer Ausdeutung preußischen

B. Neukirchen

Fortschrittsgeistes. Diese unglückliche Kombination wurde der Stadt später sehr lästig. Im Kontrast zu diesem in die Neuzeit weisenden Zeugnis der Technik verkörperte die 1822 eingerichtete Schiffsbrücke noch urtümlichere Lebensart, stromnah und stromabhängig. Zu ihr gelangte man durch die enge Gasse, die bis 1844 vom Markmannsgassentor abgeschlossen war, und auf die Brücke hinab sah man von den Dachgärten des 1840 erbauten Hotels »Hof von Holland«. Dieses Haus, »sehr angenehm gelegen am Ufer des Rheins« und direkt benachbart dem vorbauchenden Haus Rheinberg, war Glanzstück des Kölner Hotelbezirks an den Schiffsanlegestellen. Dieser mußte sich später — dem starken Schiffskonkurrenten Eisenbahn folgend — in die Nähe des Zentralbahnhofs beim Dom verlagern. Bis zum Abbau der halbrund die Stadt von Ufer zu Ufer umgebenden Befestigung blieb Köln aber dem Rhein zugewandt.

Das Gelände außerhalb der im 12. Jahrhundert errichteten Kölner Stadtmauer war aus militärischen Gründen nicht bebaut und daher nicht attraktiv. Seit Jahrhunderten hatte das geschäftliche Leben in der Stadt ein zu den Wällen absinkendes Gefälle. Der Mauergürtel hemmte jede organische Ausdehnung, jede Entwicklung neuer Lebens- und Geschäftsbereiche. Die emporkommende großräumige Industrie siedelte sich daher weit außerhalb der Stadt in den Vororten an, da die Raumlücken inmitten der Mauer schon seit Ende der 1830er Jahre mit zahlreichen Fabrikbetrieben belegt waren. Je offener und entwicklungsfreudiger im Zeitalter der Technik und der Eisenbahn die übrige Welt wurde, um so empfindlicher verspürte Köln seine Beschränkung im Festungskorsett, die gerade dadurch noch widersinniger erschien, daß ausgerechnet die Eisenbahnanlagen in der Stadt den Lebens- und Arbeitsraum noch mehr einschränkten. Die lästige Stadtmauer mußte daher fallen! Zwanzig Jahre lang stürmten die Stadtväter auf der administrativen Ebene gegen das mittelalterliche, vor den modernen Geschützen längst untaugliche Festungswerk. Am 11. Juni 1881 gelang ihnen der erste Durchbruch in Höhe des Gereonstores. Es war ein Volksfest. Und Stück für Stück wurde die Stadtmauer niedergerissen.

Die in Verfolg der Ausdehnung erwartete Auflockerung der Innenstadt sollte auch ermöglichen, einige Hauptverkehrsadern durch die Altstadt hindurchzulegen. Man erkannte: die verwinkelten mittelalterlichen Straßen waren dem sich anbahnenden Großstadtverkehr nicht gewachsen. Die Stadtverwaltung wünschte sich ein Enteignungsgesetz nach belgischem, französischem und englischem Vorbild »in dem Sinne, daß nicht bloß die zukünftige Straßenfläche, sondern die ganze Baustellenzone zu beiden Seiten eines Straßendurchbruches der Enteignung unterliegt, daß also die Wertsteigerung des Geländes neben einem Straßendurchbruch der Gemeinde als Unternehmerin selbst zugute käme, die Ausführung solcher Verkehrsverbesserungen größeren Maßstabes ermöglichen«.

2 *Rheinufer vor 1880*

3 *Stadtbefestigung am Thürmchenswall*

4 *Abbruch der Stadtmauer nach 1881*

Bis dahin, so klagte Stadtbaumeister Stübben 1888, »werden wir beispielsweise an dem Übelstande weiter leiden müssen, daß durch Köln in der Hauptverkehrsrichtung, nämlich in der Längenachse, keine zusammenhängende Straße führt, auf welcher das Trabfahren gestattet ist!« Und er schließt die Hoffnung an, daß einige Erleichterung »die mit der Hafenfrage zusammenhängende, am ganzen Rheinufer von Marienburg bis zur Mülheimer Schiffsbrücke geplanten Uferstraße bringen möge, wenn es der Stadt gelingt, im Zusammenwirken mit den Staatsbehörden diese Uferstraße ins Leben zu rufen«. Diese Hoffnung erfüllte sich um die Jahrhundertwende. Worauf ging die Ausweitung der Stadt über den alten Mauergürtel hinaus, der Köln jahrhundertelang ein schützender Panzer gewesen, später aber zum einschnürenden Korsett geworden war?
In das frühere Festungsgelände plante man die »Neustadt«, und dort, wo im Bogen Mauer und Wall verlaufen waren, eine Ringstraße nach Vorbild der Pariser und Wiener Boulevards. Zwölf Millionen Mark hatte die Stadt dem Fiskus für die alte Umwallung zahlen müssen, die gleiche Summe kostete die neue Straßenanlage. Diese Aufwendungen wurden aber hereingeholt durch Verkauf der Grundstücke an den Ringen. Dort entstanden, im Stil der Gründerzeit, mit Türmchen, Häubchen, Figuren reich verziert, neue Wohnhäuser und öffentliche Gebäude, z. B. das Hohenstaufenbad.

Baumreihen, Promenaden, Grotten, Grünanlagen, Teiche und Springbrunnen verzierten den neuen Straßenzug; Denkmäler gaben ihm die zeitgemäße Weihe. Als Erinnerung an die alte Festungsanlage blieben das Eigelsteintor, das Hahnentor und das Severinstor sowie einige Türme und Mauerstrecken stehen. Der im Stadtgraben am Sachsenring eingerichtete Spielplatz hieß im Volk treffend »deefe Kindergaade« (tiefer Kindergarten). Die neue Ringpartie, 1886 vollendet, und die Baustellen in der Neustadt waren vielbesuchte Ziele der Spaziergänger. Sie waren aber auch Gesprächsstoff wegen der umfangreichen Bodenspekulationen.
Die Pferdebahngesellschaft richtete eine eigene Ringbahn ein, die bis zum Zoologischen Garten hinausführte. Unterwegs konnte man umsteigen zur Innenstadt. Von Ehrenfeld kam die ohne Gleise fahrende »Kölner Omnibus-Gesellschaft«, doppelstöckig und doppelbespannt. Einspännig gelangte man in Gleisspur über die Bäche in die Altstadt, die man in ihrer baulichen Gestaltung in starkem Kontrast zur Neustadt fand. So hatte Köln eine Öffnung in die Zukunft gefunden, dabei aber doch Substanz seiner Vergangenheit bewahrt.

5 Anlage der Ringstraße beim Pantaleonstor um 1885

6 Hohenzollernring, Ecke Bismarckstraße *7 Hohenstaufenbad*

8 *Barbarossaplatz*

9 *Kaiserin-Augusta-Denkmal 1903*

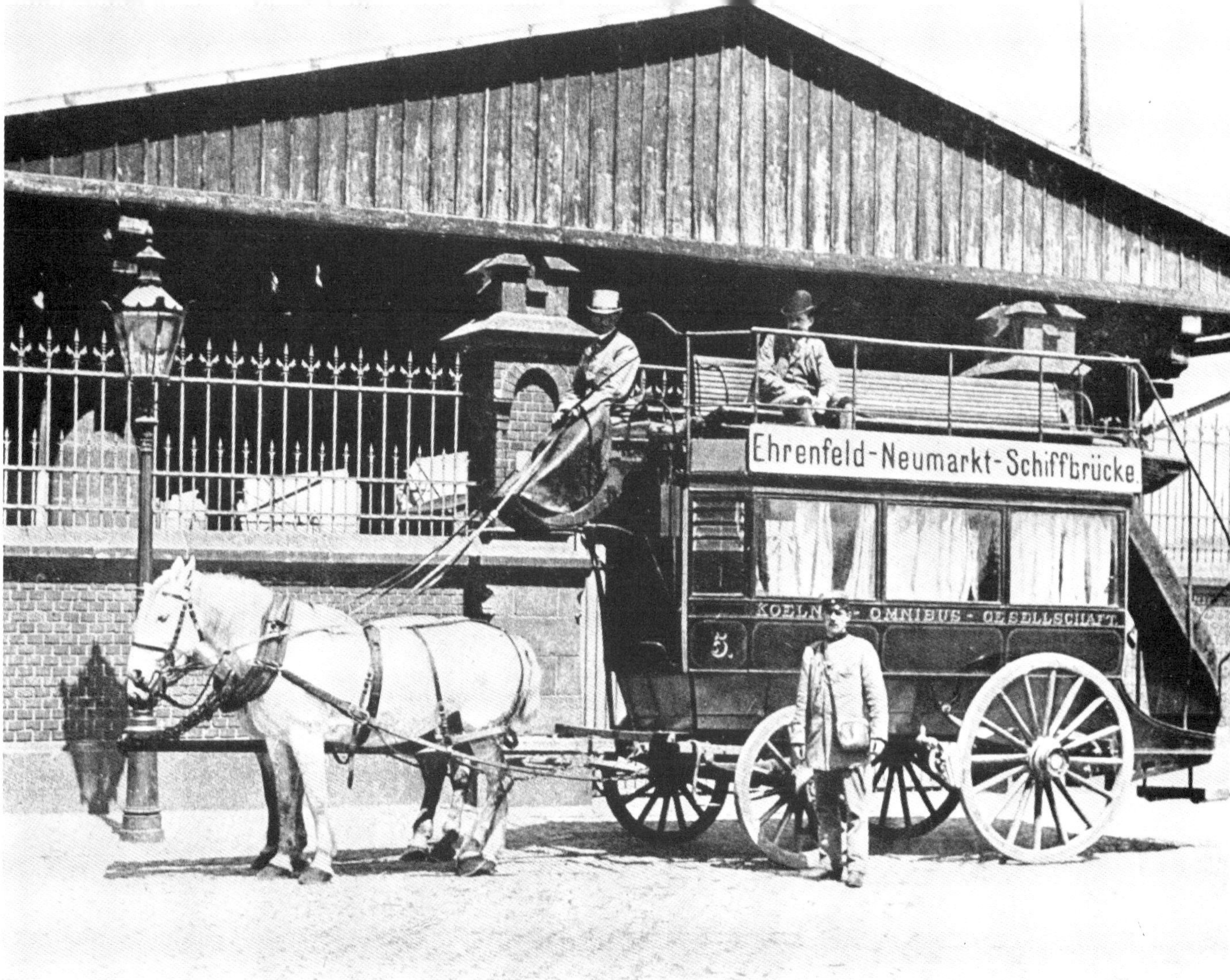

10 *Doppelstöckiger Pferde-Omnibus*

11 *Mühlenbach mit Pferdebahn*

Die enge Bindung zwischen Köln und Deutz, die 1822 unter Glockengeläut, Kanonenschüssen und Dessauer Marsch mit der Schiffsbrücke intensiviert worden war, wurde sechzig Jahre später optisch wieder durchschnitten: Die Dämme der Bergisch-Märkischen-Eisenbahn trennten Deutz völlig vom Rhein ab, nachdem der Bahnhof 1882 aus dem heutigen Messegelände an die Schiffsbrücke verlegt worden war. Das Hotel »Bellevue« (vordem »Marienbildchen«) mit der schönen Aussicht aufs Stadtpanorama wurde Bahnhof. Das einst in den Deutzer Gefilden so erholsame Lustwandeln hatte ein Ende. Dennoch blieb das Passieren der Deutzer Schiffsbrücke bis zu ihrer Ablösung 1915 durch die »modernste Hängebrücke« ein romantisches Erlebnis: Denn für jedes Schiff mußte eine Durchfahrt geöffnet werden. Vom Bergisch-Märkischen Bahnhof ging die Eisenbahn nach Elberfeld, vom benachbarten Mindener Bahnhof, der etwa in der Nähe des heutigen Deutzer Bahnhofs lag, nach Düsseldorf und Gießen.

12 *Schiffsbrücke nach Deutz*

Dem Verkehrsaufschwung mußte auch eine andere Idylle weichen: das »Werthchen«, eine mit Busch, Baum und Wirtschaft bestandene Insel vorm linken Ufer zwischen Lyskirchen und Bayenturm. 1855 verband man sie im Süden mit dem Festland und gewann den Rheinau-Hafen. Ehe die Verladeschuppen Platz fanden, gaben zunächst eine Schiffshelling im Grünen, später sogar Promenadenwege noch den Eindruck von Natur. Die »Rhingkadetten« warteten »genöglich« auf Arbeit.
Die »Muusfall« war ästhetischer als die 1911 nachfolgende Bogenbrücke (»Hohenzollernbrücke«) und hielt noch gewisse Harmonie zur engbebauten, vielgiebeligen Altstadt, die noch keine Notiz davon zu nehmen schien, was sich mit ihr als moderner Großstadt anbahnte. Der Altermarkt war ein ruhiges Plätzchen mit intakter Wasserpumpe, und dort, wo heute die Messe auf dem rechten Rheinufer internationale Geschäfte abwickelt, war es noch sehr ländlich.

13 *Mindener Bahnhof in Deutz*

14 *Das Werthchen*

15 *Vorne Altermarkt, hinten »Muusfall«*

Wer hinüber wollte, mußte an der Brückenrampe sein »Brückenmännchen« zahlen. Die Pferdestärken gab's nur erst in natura, noch nicht in der übertragenen Form von Automobilen.

Zunächst gehörte der Eisenbahn die Zukunft. Daher baute man an Stelle des 1859 in Betrieb genommenen »Centralbahnhofs« einen großen »Hauptpersonenbahnhof«. Der wurde 1894 fertig. Beim früheren Bau liefen die Züge noch zu ebener Erde ein, der neue hatte hochgelegte Bahnsteige. 1891 hatte man damit begonnen, die gesamten Eisenbahnstränge auf Dämme zu legen, damit die Züge nicht länger die Straßen ebenerdig kreuzen mußten; das gab eine neue »Umwallung«.

16 *Auffahrt zur Gitterbrücke*

17 *Bauarbeiten für den neuen Hauptbahnhof*

18 *Hauptbahnhof. 1894 vollendet*

19 *Die Empfangshalle zu ebener Erde demonstrierte mit 17 Schaltern die gute Verkehrslage Kölns*

Au
Gepäckabfertigu
Wartesaal III.u.

◁ 20 *Auf dem Inselbahnsteig befand sich bis 1910 das »äußerst schmucke coquette Wartesaalgebäude«, mit Terrakottaziegeln verkleidet, »welche reiche Frucht- und Blumenverzierungen enthalten«*

◁ 21 *Im Gegensatz zum noch recht klaren klassizistischen Bau des Centralbahnhofs bot sich der neue Hauptbahnhof in einem schwer definierbaren abartigen italienischen Renaissancestil dar, der dem gotischen Dom ein verwirrendes statt abklärendes Pendant war*

22 *Die »Ewige Lampe« an der Ecke Komödienstraße/ Andreaskloster hatte klare symmetrische Maße und gehörte bis in den Zweiten Weltkrieg zur gehobenen Hotellerie rund um den Hauptbahnhof. Die gediegenen Restaurationsräume waren aber auch beliebter Treffpunkt der Kölner Honoratioren und Zielort der betuchten Gesellschaft zum Sonntagsdiner. Das Hotel und die anschließenden Bauten verdeckten die Südflanke der Andreaskirche. Nach der Kriegszerstörung 1939/45 ist die »Lampe« nicht wieder »aufgeleuchtet«*

23 *Bis 1912 stand dem Hauptbahnhof gegenüber das alte Deichmannhaus, lange Deichmannsche Bank, später Wohnhaus. Architekt Müller-Erkelenz setzte an seine Stelle den noch heute vorhandenen großen Geschäftsbau*

24 *Trankgasse um 1910*

25 *Altes und neues Domhotel*

26 *Straße »Am Hof«*

27 *Das Laurenzgittergäßchen war ein schmaler Häuserdurchschlupf beim Rathauskomplex und konnte mit einem Gittertor abgesperrt werden. Nach dem Zweiten Weltkrieg erhielt eine Hofeinfahrt in der Nähe den Namen*

An der Trankgasse schlossen sich große Hotels an, die wegen ihrer günstigen Lage gut florierten. — Die Kathedrale wurde damals nicht nur geistig, sondern auch praktisch aufs Tablett gehoben: Man legte sie rundherum frei und plante gar eine breite Kaiserstraße, die von den Westportalen bis zu den Ringen durchlaufen sollte. Zu diesem Paradeboulevard kam es jedoch nicht. — Der Freilegung fiel auch das alte Domhotel zum Opfer; jedoch durfte erst nebenan ein neues vollendet werden (1893), ehe man das alte niederriß. So konnte der Fotograf zwei Domhotels nebeneinander festhalten. Einige Schritte von diesem ungemütlichen Freiterrain entfernt fand man bis zum Zweiten Weltkrieg noch den wunderschön geschlossenen Bezirk der Platzstraße »Am Hof«. Die Pumpe steht heute noch, die nordseitige Bebauung ist durch Bomben ausgelöscht.

29 *Rathausfassade. Altermarktseite*

Vertraut wie die eigene Stube und bis zur Zerstörung im Zweiten Weltkrieg der Stolz der Kölner Bürger, erhob sich über Resten der einstigen römischen Stadtmauer, etwa in der Mitte zwischen Dom und Gürzenich, das Rathaus. Es war im Laufe von sechs Jahrhunderten aus verschiedenen Gebäuden zusammengefügt: um 1360 der Bau mit dem Hansasaal, 1414 der Turm, 1541 der Löwenhof, 1548 Einbeziehung des Leinenkaufhauses am Altermarkt, 1573 die Rathauslaube. 1615 entstand gegenüber der »Spanische Bau«, der mit der Ratskapelle von 1426 den Rathausplatz umschloß. Diese Partie verlor nicht an Idylle und Würde, als man 1878 die bis dahin die Immunität schützenden drei Straßentore abriß. Auch die umfänglichen Restaurierungen zwischen 1860 und 1886 (mit der neuen Renaissancefassade von Raschdorff am Altermarkt) vermochten die Ehrwürdigkeit des Bürgerhauses nicht zu beeinträchtigen. So die Tradition der Stadt ständig vor Augen, hatten Rat und Verwaltung die nicht beneidenswerte Aufgabe, die Stadt auf Zukunft und Neuzeit einzustimmen.

◁ 28 *Rathaus*

30 *Das Beigeordnetenkollegium um 1900*

31 *Altermarkt*

Noch ging es bürgerlich-deftig zu, und die »kölschen Kappesboore« von den Höfen vor den Toren brachten gar einen ländlichen Zug in die Stadt. Das Markttreiben auf dem Altermarkt symbolisierte diesen Status. Dieser Platz war wirklich alt: Der hier einst verlaufene, dann ausgetrocknete und aufgefüllte Rheinarm ist als Vorgelände zwischen Stadt und Strom schon früh Handelsstätte gewesen und im Laufe der Zeit mit Verkaufsständen, -buden und -häusern bestellt worden. Um 1000 hieß die ganze Rheinvorstadt »Altermarkt«. Erst nachdem die Bebauung der nördlichen Partie um Groß St. Martin immer dichter geworden und im Süden ein großer Freiraum verblieben war, differenzierte man ab 1300: der nördliche Teil blieb »Altermarkt«, der südliche hieß »Heumarkt«. Altermarkt und Heumarkt waren immer kleinparzelliert be- bzw. umbaut. Dieses enge Beieinander von unterschiedlichen Hausindividualitäten ging erst in den Bombennächten des Zweiten Weltkrieges unter; danach wurde es teilweise wiedererstellt. Die Kölner lieben solch unpathetische Heimeligkeit; auch das 1878 auf dem Heumarkt aufgestellte stolze Reiterdenkmal König Friedrich Wilhelms III. von Preußen, das eher in einen Aristokraten-Schloßpark gepaßt hätte, verleitete sie nicht zu großräumig-heroischer Denkart. Die Kölner wußten sich an viel traditionsträchtigere Bürgerzeugnisse gebunden, z. B. an die vom Heumarkt durch die wohl fünfhundert Jahre alte Bogeneinfahrt zu erreichende »Fleischhalle«, ein Marktviertel dort, wo bis 1370 die aufsässigen Wollenweber ihr Amt gehabt hatten. Erst zu Anfang des 20. Jahrhunderts legte man hier die breitere Gürzenichstraße durch.

32 *Heumarkt mit Friedrich-Wilhelm-Denkmal von 1878* 33 *Tor zur alten »Fleischhalle«*

Der Gürzenich, »der Herren Tanzhaus«, war ursprünglich, und noch bis in den Anfang des 20. Jahrhunderts, eng umbaut. Wo heute die Gürzenichstraße verläuft, stand früher ein Wohnblock, nur auf Armlänge durch die schmale Kaufhausstraße von dem mittelalterlichen Kauf-, Lager- und Lusthause getrennt. Auch dieser edle Bau, in der Mitte des 15. Jahrhunderts errichtet, trug sozusagen geschichtsgetränkte Patina. Reichstag und Kurfürstentag waren hier abgehalten worden, Kaiser hatten gegessen und getanzt, Sänger hatten tönend um Ehre gestritten. Allerdings wurde die natürliche Patina 1855–57 nach den Plänen des Baumeisters Zwirner von Raschdorff gehörig abgekratzt und durch künstliche ersetzt: Außen kam vor die Nordwand ein Restaurantbau in gotischem Stil (oben mit Isabellensaal); innen wurde im Obergeschoß der einst zweischiffige, erst balken-, dann kassettengedeckte große Festsaal in einen dreischiffigen mit offener Deckenkonstruktion verwandelt, und zwar nach dem Vorbilde der Westminsterhalle in London. 1875 machte man auch den Erdgeschoßsaal dreischiffig. 1890–94 fügte man in einem weiteren Anbau ein neues Treppenhaus hinzu. Aber auch in diesem renovierten Hause gab es wieder kaiserlich-königliche Festbankette, bürgerliche Sängerwettstreite und buntgewürfelte Karnevalsfeste. Die Gürzenichkonzerte wurden berühmt. Die Pracht und Herrlichkeit sicherte Erfolg, und im Überschwang der Gefühle und Mittel zierte man nach dem gewonnenen Krieg 1870/71 die Wände noch mit bunten Bildern: im Festsaal die Wiedergabe des Historischen Festzuges, der anläßlich der Domvollendung 1880 durch die Stadt gegangen war, im Isabellensaal der Einzug der englischen Prinzessin Isabella in Köln 1235 als Braut Kaiser Friedrichs II. Dies alles von und nach Art der Düsseldorfer Malerschule. So war der Gürzenich um die Jahrhundertwende Großkabinett historisierender Kunstübungen; gehöriges Mißverständnis des kölnischen Charakters. Aber die ungekränkelte kölsche Seele empfand bei den burlesken Fastnachtstreiben, die alljährlich durch die Säle tobten, nur das, was ihr wohltat, nämlich die schummrige Gemütlichkeit in holzwarmem Braun. Für sie war es der alte, deftige Gürzenich. Im übrigen vollzog sich ohnehin, sozusagen vor der Tür, ein zweckbezogener, nicht ungern genossener Wandel: Dem einträglicheren, basisverbreitenderen Verkehr öffneten sich die engen Viertel – 1903 wurde die Verlängerung der Schildergasse über die Hohe Straße hinweg beschlossen, 1912 der Block an der Kaufhausgasse vor der Gürzenich-Südfront niedergelegt. Er eröffnete sich eine glatte Durchfahrt vom Neumarkt auf die Schiffsbrücke.

◁ 34 *Der Gürzenich, noch umbaut*
35 *Gürzenichsaal*

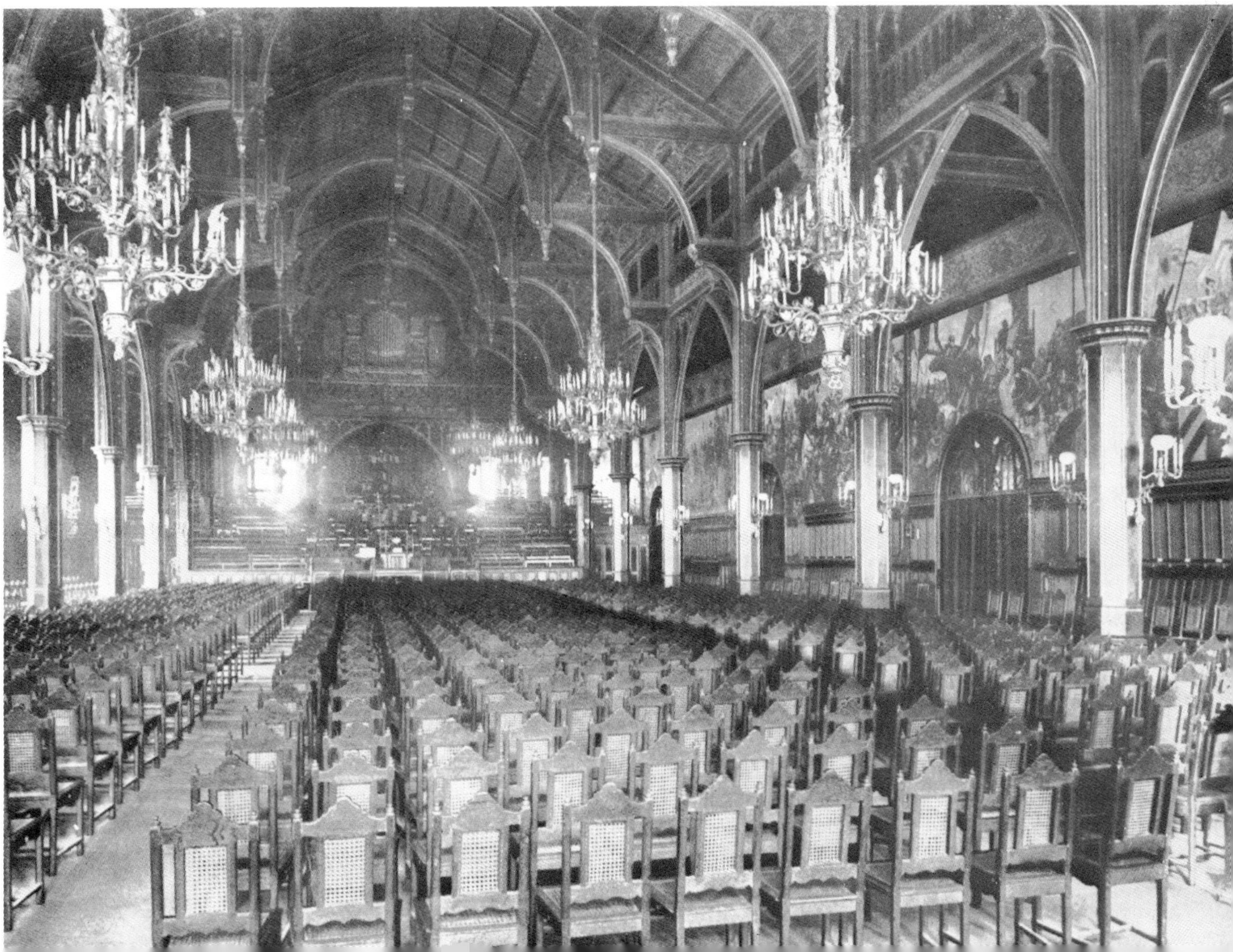

Wer etwas vom Bau- und Gesellschaftsstil der damaligen Zeit bewundern wollte, brauchte nur ein paar Schritte in die nahe Hohe Straße zu tun. Dort präsentierte sich »An den Vier Winden«, Ecke Brückenstraße, als »Architektur der Neuzeit« ein Gebäude »in vornehmster Ausführung und mit reichem bildhauerischem und malerischem Schmuck versehen«: das Haus Kayser, unten Kunstladen, oben Wohnung des Besitzers, 1884 erbaut. Der Venezianer Dr. Salviati hatte nach Cartons des Berliners Otto Lessing die Fassade reich mit Mosaikfiguren geschmückt. Eine zeitgenössische Schilderung sagt: »Die Farbgebung der Bilder mit blaugetöntem Untergrund ist sehr schön und doch zurückhaltend, so daß sie der reizenden Ausbildung nicht schaden.« Feinbearbeiteter schwedischer Granit an Sockel und Postamenten, Bronze an den Kapitellen, Schmiedeeisen an den Gittern dokumentierten die Bereitschaft des Bauherrn, für künstlerische Gestaltung tief in die Tasche zu greifen. Er stand nicht allein — die große Baulust von der Mitte des 19. Jahrhunderts an zeigte vielfältigste Zustimmung zu künstlerischer Gestaltung. Das offenbarte Bürgersinn und Weltgesinnung. Sie verschwendeten sich leider an einen Plüsch- und Schnörkelstil, der dieser Hingabe nicht wert war. — Es wehte aber immerhin, wenn nicht großweltliches, so doch großmännisches Air durch Köln und wurde u. a. bewiesen durch die Königin-Augusta-Halle, eine Passage zur Entlastung der Hohe Straße, 1863 zwischen dieser und der Brückenstraße angelegt. Vorbild war wiederum London. Initiatoren und Finanziers waren der Stadtbaumeister Weyer und der Schaaffhausensche Bankverein gewesen, die schon die Bebauung der restlichen Freiflächen innerhalb des Festungsringes forciert hatten und dabei mit in den Strudel wilder Spekulationen gezogen worden waren. — Wenn mit den verschiedensten Geschäftszweigen in kommerzieller Hinsicht auch die Gastronomie ihren Aufstieg vollzog, so blieben die Kaffeehäuser für die Besucher doch Eilande bürgerlicher Beschaulichkeit. Lesend und Domino spielend verbrachte man hier seine Zeit; entsprechend war die Ausstattung. Der Conditor Palant gehörte zu den ersten in den fünfziger Jahren des 19. Jahrhunderts, die ein Café in — nach damaligen Begriffen — mehr modernem Stile aufzogen. Das »Café Palant«, Ecke Hohe Straße und Minoritenstraße, wurde von einem anfänglich unscheinbaren, auf das Eckhaus beschränkten Lokal durch Hinzunahme einer Anzahl kleiner, älterer Nachbarhäuser nach und nach in einem Komplex ziemlichen Umfangs verwandelt. Mehreren Generationen blieb es Begriff für kölnische Geselligkeit.

36 *Ecke Hohe Straße / »An den Vier Winden«*

37 *Königin-Augusta-Halle / »Passage«*

38 *Café Palant, alt*

39 *Café Palant, neu*

Es gab mehrere Kaffeehäuser auf der Hohe Straße, die sich in die Erinnerung der Kölner eingruben, z. B. das 1885 an der Ecke zum Perlenpfuhl entstandene Café Tewele, mit Springbrunnen an einer Saalwand und »Retiraten« (Zurückzieher) genannten Toiletten. Noch heute lebt sein späterer Name als »Café Bauer« im Gedächtnis fort; mit ihm die Erinnerung an die Inhaber- und Wirtsfamilie Strung. Vater Strung, mit der Kragenweite »frei die Männerbrust«, hatte zunächst das Weinhaus »Langen Büggel« (nach den beiden früheren Weinwirten Langen und Beudel volkstümlich so benannt) am Buttermarkt geführt, war dann über mehrere andere Gaststättenstationen 1898 Inhaber des Cafés Bauer geworden, das »ob seiner künstlerisch vollendeten Innenausstattung in anheimelndem Renaissancestil mit echter Vergoldung seinesgleichen im ganzen Westen sucht«. Die drei Söhne Strung führten später das elterliche Erbe weiter. Die animierende Musik im Parterre, die gedämpfte Billard-Atmosphäre im ersten Stock, das lebhafte Flanieren vor den Fenstern auf der Hohe Straße ließen im Gast dieser verzärtelten Räume einen Anflug von Bohème wach werden. Bis in den Zweiten Weltkrieg hinein behielt das Café Bauer Zugkraft. — Das Café »Germania«, Ecke Hohe Straße und Gürzenichstraße, also im Südteil der alten Bazarroute, 1913 entstanden, verstärkte den magnetischen Bereich der Geselligkeit. — Am Nordende der Hohe Straße bot sich ein anderes Gasthaus an: das »Hotel Monopol«, 1900 in gesuchten Wallotformen als Westfront an den Wallrafplatz gestellt. — Dieser Platz war noch nicht alt. Er war von Stadtbaurat Biercher ersonnen worden, nachdem dieser bei der Beseitigung der alten, abriegelnden Dompropstei (in der Wallraf zuletzt gewohnt hatte) vom freien Durchblick auf die Kathedrale besonders entzückt worden war. Im Trend zu betriebsamer Geschäftigkeit, die von der Jahrhundertwende ab auch in den Bauformen zum Ausdruck kam, erhielt auch diese Partie ihren neuzeitlichen Akzent: 1907 durch das von Moritz entworfene Stollwerckhaus Ecke Hohe Straße und Wallrafplatz. Im Verein mit ähnlichen Büro- und Geschäftshäusern belegt es als wahr, was ein Chronist 1915 konstatierte: »In der ganzen Altstadt findet man diese Häuser mit ihren großen Fenstern, den klar umrissenen Silhouetten und leicht zu erfassenden Verhältnissen, welche ihre einfacheren und bescheidenen Brüder, die Wohnhäuser, verdrängen.« Die Altstadt wurde zur »City«, wandelte sich vom Wohnviertel zum Geschäftsviertel. Es gelang diesen Mammutbauten gar, ganze Straßenzüge unter ihre Herrschaft zu bringen, so den Gürzenichstraßen-Durchbruch und den Zeppelinstraßen-Durchbruch. Der Massenkonsum kündigte sich mit modernen Großkaufhäusern an. Die Kutschen auf dem Wallrafplatz waren Requisiten einer vergehenden Epoche.

40 *Café Bauer*

41 *Wallrafplatz*

42 *Hotel Monopol am Wallrafplatz*

Viele Partien der Stadt blieben aber lange in individueller Detaillierung. Wenn auch die Straßenbahn ab 1903 per Elektrizität statt per Pferd betrieben wurde, so machte das die Breite Straße keineswegs breit. Es dauerte noch ein paar Jährchen, ehe das »Hamburger Engros Lager Carl Peters«, gegenüber dem Geyrschen Palais gelegen, sich in den Riesenkoloß »Kaufhaus Carl Peters« — mit einer Front die neugezogene Zeppelinstraße bestimmend — verwandeln konnte (1911—14). Dasselbe Jahr, da sich hier ein neues Leben der Sachlichkeit breitzumachen begann, 1911, war für das stilvolle Geyrsche Haus das Todesjahr: Dieses Bauwerk galt neben dem Muschelsaal im Rathaus als die bedeutendste Schöpfung des Rokoko in Köln. Es war 1753 für Jos. Balth. Ferdinand von Geyr errichtet, ab 1828 als Provinzialsteuerdirektion benutzt und 1834 vom preußischen Fiskus erworben worden. 1911 verkaufte der Staat den noch einheitlich erhaltenen Bau auf Abbruch, wodurch Köln einen der bedauernswertesten Kunstverluste erlitt. — Welche Vielfalt der Stile und Geschmäkker auf der Breite Straße ins 20. Jahrhundert hinüberwuchs, zeigt der Ost-West-Blick. Der Thürlingsche Bau von 1886 mit der Hausnummer 4 (im Bild vorn rechts) beherbergte Schirmfabrik und -geschäft der Bauherren und hatte eine Fassade »ganz in Sandstein mit kräftiger Gliederung« sowie Stützen beim Eingang zum Geschäftslokal »in reichem Kunstguß«. »Der Thurm über dem Erker baut sich in Holz auf.« — Eine so freie Konzeption hatte man sich bei den beiden nahen Kunsttempeln nicht erlaubt: Das Wallraf-Richartz-Museum am Beginn der Breite Straße war 1861 den Formen nach gotisch, der Idee nach klassizistisch angelegt. Durch Wallrafs Sammlung und Richartz' Geld war hier eine vielbesuchte Pilgerstätte für die sinnenfreudigen Kölner entstanden. In der Treppenhausbemalung wurde die Kölnische Kultur- und Kunstgeschichte jedem Eintretenden wandgroß offeriert. — Das in der nahen Glokkengasse von Raschdorff erbaute und 1872 eröffnete Stadttheater prunkte als ein nach dem Vorbild der Louvrefassade entworfener deutscher Renaissancebau. 1800 Sitzplätze, 20 Balkonlogen, zwei Ränge und eine Galerie unter der Decke gaben Atmosphäre. »Auf den sehr niedrig gehaltenen Balkonbrüstungen ist zum Schutze gegen das Hinüberfallen eine erhöhte, mit Plüsch umkleidete herumlaufende Eisenstange angebracht, welche den Blick auf die Toiletten der Damen freiläßt, so daß die farbenprächtigen Kleider sehr wesentlich bei der Dekoration des Raumes mitwirken.« Als 1902 das zweite Stadttheater am Ring fertig wurde, wechselten alle Abonnenten — bis auf zwei! — dorthin. Man huldigte der Oper. Aber es gelang dem Schauspielhaus in der Glockengasse wieder Freunde zu gewinnen.

43 *Breite Straße mit Geyr-Palais*

44 *Breite Straße. Ost-West-Blick*

45 *Wallraf-Richartz-Museum*

46 *Schauspielhaus in der Glockengasse*

Die bauliche Nachahmung fremder Stile im 19. Jahrhundert besaß in der Glockengasse noch ein anderes Zeugnis: die Synagoge im »islamitischen« Stil. Sie war 1861 als Ersatz für eine baufällige Unterkunft der jüdischen Gemeinde im einstigen Klarissenkloster Maria Tempel in der Glockengasse entstanden durch die großzügige Spende von 600 000 Mark des Bankherrn Abraham Oppenheim, Geheimer Kommerzienrat. Dombaumeister Zwirner, der in der großen romantischen Welle der damaligen Zeit die Vollendung der gotischen Kathedrale als Ausdruck des christlichen Abendlandes durchzuführen hatte, blieb auf der Geschichtslinie, als er in Übereinstimmung mit dem Bauherrn für das Gotteshaus der Juden den maurischen Stil wählte und damit an die Hochblüte des geistigen Lebens im Judentum zur Zeit der Maurenherrschaft erinnerte. Es gab dafür schon einige Vorbilder in anderen Städten. So erhoben sich denn aus der Kölner Altstadt weithin sichtbar Minarette und eine in vergoldeten Kupferplatten weitleuchtende Kuppel mit Laterne und Davidstern, wie Zaubergrüße aus dem Orient. Dem bunten Farbbild der Außenfassade in weißer Sandsteinverblendung mit roten Horizontalstreifen entsprach die Innenausstattung, eine von der Alhambra im fernen Granada beeinflußte Ornamentik, einem orientalischen Teppich gleich. Kuppel und Gewölbe waren wie der Himmel von goldenen Sternen

47 *Synagoge Glockengasse; außen*
48 *Erzbischöfliches Palais, Gereonstraße*

übersät. Mit den Zerstörungen in der berüchtigten Kristallnacht 1938 stürzte auch im übertragenen Sinne der Himmel ein!
Heimischen Ursprungs und von vornehmer Zurückhaltung war das Erzbischöfliche Palais in der Gereonstraße. Bürgermeister Balthasar von Mülheim hatte es sich 1758 erbauen lassen. Dann war es in den Besitz des Freiherrn von Heeremann-Zuydtwick gekommen, der späterhin den französischen Kaiser Napoleon mit Kaiserin Marie Louise, den russischen Zar Alexander I. und den preußischen König Friedrich Wilhelm III. als Logiergäste beherbergen durfte. 1824 übernahm der preußische Staat das dezente Haus im Rokokostil und wies es dem Erzbischof als Wohnsitz zu. Der große, ursprünglich in französischem Stil angelegte Garten hinter dem Palais wurde später landschaftlich gestaltet. Am Peter-und-Pauls-Tag 1943 löschten Fliegerbomben das Gebäude aus. — Dem Erbauer des Palais an der Gereonstraße, Balthasar von Mülheim, Herr zu Schwarzenbongard und Boehof, ist auch zu verdanken, daß der Neumarkt seine jetzige Form hat. In seinem Trieb nach Verschönerung Kölns ließ dieser Bürgermeister 1740 den im 12. Jahrhundert angelegten ursprünglichen Viehmarkt fassen. Wo sich einst eine Windmühle erhoben und die französischen Revolutionstruppen 1794 den Freiheitsbaum errichtet hatten, paradierten in preußischer Zeit die Truppen der Kölner Garnison. An Kaisers Geburtstag gab's hier immer ein militärisches Schauspiel, und die »kölschen Pänz« hatten es schwer, sich zwischen der soldatischen Attraktion und den »zwei Päädsköpp om Nümaat« zu entscheiden, die aus dem sagenumwobenen und turmgeschmückten Richmodishaus auf den Platz herabblickten. Nach der Sage erinnerten diese Pferdeköpfe aus Holz an die einst im Nebenhaus wohnende Richmodis von Aducht, deren Scheintod ihrem Ehemann von zweien seiner Pferde dadurch bestätigt worden war, daß sie bis zum Söller hinauftrabten. Das auf diese Sage hin »Richmodishaus« genannte Gebäude im Besitz der Familie Heuser wurde 1928 zugunsten eines Neubaues abgebrochen; auch hier sahen wieder die Pferdeköpfe auf den Neumarkt hinunter. — Ein Teil der preußischen Truppen, die auf dem Neumarkt zu paradieren pflegten, hatte hier auch gleich sein Quartier, nämlich in der an den alten Richmodisbau anschließenden Infanterie-Kaserne, die 1818 in dem zum benachbarten »Blankenheimer Hof« gehörenden Schützenhof eingerichtet worden war. Zur Franzosenzeit war hier die Tabakmanufaktur untergebracht gewesen. Daneben, im barocken Blankenheimer oder Nesselrodeschen Hof (wo Napoleon 1804 die Nachricht erhalten hatte, daß der Papst seiner Kaiserkrönung in Paris beiwohnen werde), war das allgemeine Kölner Standort-Offizierskasino eingerichtet. Nach 1910 erlebte diese soldatische Nordwand des Neumarktes einen Wandel ins Kommerzielle:

49 *Parade auf dem Neumarkt*

50 *Frauengefängnis, »Bleche Botz«, vor 1904*

51 *Kaserne, Kasino, Polizeipräsidium am Neumarkt vor 1912*

52 *Richmodishaus, Cords und Schwerthof nach 1928*
53 *Das alte Richmodishaus mit den »Päädsköpp«; 1928 durch einen Neubau ersetzt*

Mit dem Durchbruch der Zeppelinstraße vom Berlich bis zum Neumarkt entstand hier 1912 das markante Eck-Kaufhaus für Stoffe Gustav Cords; und gegenüber der »Schwerthof«. Beide Anwesen sanken im Zweiten Weltkrieg in Trümmer. — 1904—07 war auch die Eckpartie Neumarkt/Schildergasse/Krebsgasse neu gestaltet worden. Das durch die französische Besatzung in ein Gefängnis umgewandelte dortige ehemalige Klarissenkloster hatte samt der benachbarten Gastwirtschaft H. J. Zaudig dem neuen klotzigen Polizeipräsidium weichen müssen. Damit verschwand ein Zeugnis für den treffenden kölschen Volkswitz, der das Gefängnis sinnfällig »Bleche Botz« (Blecherne Hose) genannt hatte, weil der Baumeister J. Butz und der Blechschläger Hittorf den Umbau vom Kloster zum »Kittchen« durchgeführt hatten. Die »Bleche Botz« war zudem seit der Eröffnung des Gefängnisses Klingelpütz, 1838, nur noch »Weibergefängnis«; was dem Spitznamen noch einen weiteren Hintersinn gab. Das neue Polizeipräsidium »mit wuchtigen bossierten Fassaden im romanischen Stil mit einem überragenden Belfried« war für die Fliegerbomben des Zweiten Weltkrieges kein standhaftes Hindernis.

54 *Blick auf Deutz und Stadtpanorama kurz vor der Jahrhundertwende (nächste Seite)* ▷

Bis kurz vor der Jahrhundertwende zeigte sich das linksrheinische Stadtpanorama zwischen den Brücken noch stark verschlossen; u. a. durch das 1838 zwischen Groß St. Martin und dem Rhein an der Südfront des Stapelhauses aufgerichtete Lagerhaus Ahren in neugotischem Stil sowie durch die von 1605 stammende, zum Rhein hin zugespitzte »Bastion St. Martin«, kurz Bollwerk geheißen. Ein Teil der Festungsmauer sowie eine Reihe von Lagerschuppen versperrten die Sicht auf die altkölnischen Wohnhäuser. Nachdem 1898 die neuen Hafenanlagen südlich der Rheinau fertig geworden waren, fielen — wie ein halbes Jahrhundert vorher schon in der südlichen Partie — die häßlichen und störenden Uferbebauungen vor dem Stadtzentrum, und es präsentierte sich 1900 eine um zehn Meter in den Rhein vorgeschobene neue Uferstraße, die man Frankenwerft nannte. — Das Deutzer Ufer ist dagegen noch bis ins erste Dezennium des 20. Jahrhunderts von der Bergisch-Märkischen Eisenbahnlinie mit Beschlag belegt. Ein Viadukt überspringt die Deutzer Freiheit dort, wo sie mit der Schiffsbrücke zusammentrifft. Das Geschachtele der angrenzenden Häuser beweist, daß man sich hier auf engem Raum einrichten mußte: im Bannbereich der Festung. Die Römer hatten zur Sicherung ihrer Colonia ja bereits mit einem Kastell die Zukunft von Deutz vorgezeichnet: Bis in die Neuzeit ging es hier um strategische Maßnahmen — befestigen, schleifen, befestigen, schleifen. Der »Schinkenkessel«, eine halbturmförmige Bastion am Ufer, erhob sich möglicherweise auf römischem Fundament. Wenn er zusammen mit der 1818 angelegten Umwallung auch 1907 niedergelegt wurde, so blieb Deutz doch weiter militärischer Stützpunkt. Die Deutzer Kürassiere wurden zu einem kölnischen Begriff. 1819—23 war neben der Benediktinerabtei als erster Neubau der preußischen Machthaber in echt preußischer Einfachheit eine Kaserne entstanden. Nachdem bis 1849 Dragoner hier domiziliert hatten, zog 1850 das Kürassierregiment Nr. 8 »Graf Geßler« ein. Die glänzenden Kürasse und Helme, die weiße Uniform, die beflaggten Lanzetten und die sauberen Pferde wurden manchem Jungen und manchem Mädchen Augenweide und Verlockung — einem jeden nach seiner Art und Weise. Kürassier und Karessier liegen ja recht nahe beieinander. Von der Kaserne führte eine Rampe auf die Gitterbrücke, so daß man leicht in die Stadt einreiten konnte. Das Militär stellte auch seine Pferde für den Rosenmontagszug zur Verfügung, und das Trompeterkorps der Kürassiere blies kräftig bei Karnevalsveranstaltungen mit. Stabstrompeter Fellenberg (1888—1906) erwarb sich besondere Meriten: Er vervollständigte den »Rote-Funken-Marsch«!

55 *Schinkenkessel am Deutzer Ufer vor 1907*

56 *Deutzer Kürassiere beim Heimritt*

57 *Trompetercorps der Deutzer Kürassiere*

58 *Rosenmontagszug 1900 auf dem Neumarkt*

59 *Grete Fluß/Willi Ostermann. 1906*

Der Rosenmontagszug 1900 war der Begrüßung des neuen Jahrhunderts gewidmet. Zeitgeschichte wurde demonstriert durch Germanen, Römer, Reisige, »Ambtsmeister«... bis hin zur Reitergruppe »Friedenskonferenz 1899« und zum Wagen »Der Weltfriede«, auf dem man sich unter einem palmenwedelnden Engel katzbalgte. Die Militärmusik wirkte wieder fleißig mit: die 7. Artillerie als Römische Tubabläser, die 16er als Sarazenen-Musikkorps, die 65er als Armbrustschützen... die Kürassiere hatten bereits die Ehre, das Musikkorps des Prinzen Karneval zu sein. Der Zug ging vom Neumarkt aus durch die Innenstadt, hatte auf dem Heumarkt eine halbe Stunde Pause und endete wieder auf dem Neumarkt. Trotz solcher auch in den folgenden Jahren recht ansprechenden Anstrengungen wurde der Karneval totgesagt. Ein Kölner Historiker meinte 1915 in einem Rückblick: »Der Karneval hat in der großgewordenen Stadt sehr viel von seinem früheren intimen Reiz verloren; er ist nicht mehr ein bloßes Volksfest der Cölner geblieben, sondern Gelegenheit für Vergnügungen der wohlhabenden Kreise der Rheinprovinz und der angrenzenden deutschen Gebiete. Der Cölner Humor, der sich früher während der Karnevalszeit bei allen Vereinigungen durch eigene, rednerisch besonders begabte Mitglieder in den Büttenreden austobte, wird immer häufiger von Büttenrednern gegen Entgelt vorgetragen...« Ein Volksfest sei aber der Karneval nach wie vor. Vielleicht könne man aber sagen, daß er sich überlebt habe. ». . . Die Einwanderung hat dazu beigetragen, den alten Cölner leichtlebigen Sinn umzugestalten, ihn ernster zu machen.« Wenn zudem die Verschmelzung des rechtsrheinischen Arbeits- und Industrievolkes mit dem linksrheinischen Handelsvolke vollendet sei, werde — so meinte der Historiker — »Cöln wohl weniger berühmt sein durch seinen Karneval, als durch seine Arbeit«. Es kann nach einem halben Jahrhundert gesagt werden: Der Herr irrte, was den Karneval anbelangt. — Wer aber konnte auch ahnen, daß gerade jene beiden jungen Menschen, die 1906 bei einer Herrengesellschaft im Zivilkasino auf echt kölsche Art zum Lachen und zur Lebenslust reizten, zu den Koryphäen des kölschen Fasteleers aufsteigen und den Pessimismus des Historikers Lügen strafen sollten: Grete Fluß und Willi Ostermann.

Der Abschied vom Zeitalter der Pferdebahn, 1903, war also nur ein Abschied von einem romantischen zivilisatorischen Zwischenstadium, nicht vom urtümlichen Köln. Daß jedoch über 300 Pferde außer Dienst gesetzt werden mußten und die 1885 erstellten riesigen Stallungen in der Weißbüttengasse kein Gewiehere und Gestampfe mehr hören sollten, machte doch manches Auge feucht.

60 *Abschied von der Pferdebahn. 1903*

61 »Elektrische«, Heumarkt/Mühlenbach

62 »Elektrische« in der Gereonstraße

Heute muten die Anfänge des »elektrischen« Zeitalters im Köln der Vor-Motorisierung noch durchaus gemütlich an. Wenn auch allein die Altstadt in hundert Jahren um hunderttausend Einwohner gewachsen war (von etwa 50 000 1815 auf etwa 150 000 1910), dazu in der Neustadt 120 000 Menschen wohnten, und weitere 220 000 Bürger seit den Eingemeindungen von 1888 (nahe linksrheinische Vororte sowie Deutz und Poll) und 1910 (Kalk und Vingst) sich in den Vororten »Kölner« nennen durften, so daß die Gemeinde mit einer halben Million Einwohner schon eine amorphe Großstadt heißen mußte, so sieht die Generation unserer Tage diese Zeit doch noch als »dat joode ahle Kölle«. Es kommt auf den Abstand an. Wie heimelig stimmten auch die Schnörkelkandelaber, die mit graziös ausschwingenden Armen die Oberleitungen der Straßenbahn hielten. Wie geruhsam konnte man noch die Straßen überqueren. Benzindroschken machten erst ab 1911 den Pferdedroschken Konkurrenz. Privaten Autoverkehr gab es überhaupt nicht. Pferd und Wagen besorgten das Transport- und Liefergeschäft. Die aber improvisiert denn perfektioniert wirkenden Straßenbahnen hoben sich keineswegs wie Gefährte aus einer anderen Welt ab. Selbst wenn sie in der Innenstadt, z. B. auf der Strecke Heumarkt—Bäche, die vielfach noch alte Bebauung passierten, empfand man keinerlei Disharmonie. Schwengelpumpe und Elektrische scheinen noch durchaus verwandt. Welcher Zusammenklang ist noch da, wenn Elektrische, Pferdedroschke und Kinderwagen nebeneinanderfahren (Bild 62). Keiner will dem anderen davoneilen, es scheint, als plausche man von Bock zu Bock, wenn auch die Straße hier bereits großstädtische Rennbahnausmaße hat. Man meint, es müßte Sonntag sein, aber der Briefträger am Straßenrand belehrt: ein geschäftiger Alltag! Die Majestät des Domes gibt dieser Ruhe ihren Segen. — An der Ecke Hohenzollernring/Rudolfplatz ist es nicht anders. Signalampeln zur Regelung des gehenden und rollenden Verkehrs wären dieser Zeit unbegreiflich. Hier ist der Ring noch nicht Ladenstraße. Das Café-Restaurant versteckt sich bescheiden hinter einer Hecke. Eine große Stadt bietet ihren Bürgern einen bequemen und großzügigen Transportdienst — aber sie verfällt nicht in die Hektik der Großstadt. Es dauert noch etliche Jahrzehnte, bis die Straßenbahnen eigene Gleiskörper für sich beanspruchen und schließlich vor dem Automobilgedränge als U-Bahnen unter die Erde ausweichen. Immerhin aber gab es 1912 bereits achtzig Kilometer Gleise mit ebensolangen elektrischen Oberleitungen; die Wagen legten in jenem Jahr rd. 25 Millionen Kilometer zurück und beförderten 115 Millionen Personen. Man fuhr sogar mit Gewinn!

63 *»Elektrische« auf dem Hohenzollernring*

Der Kölner läßt sich statt durch die Technik lieber »per Gefühl« himmelwärts tragen. Das kann er im Opernhaus, gold- und plüschumrahmt, bequem im Sessel sitzend. Die Perspektive des neuen Jahrhunderts mit den schon halb erkannten, aber auch erst erahnten neuen technischen und physikalischen Möglichkeiten, mit dem gewachsenen nationalen Selbstbewußtsein und mit dem Experimentierfeld einer weitgeöffneten Gemeinde weckten ein Rauschbedürfnis. Ganz der Kölner Mentalität entsprechend fand dieses Ausdruck und Befriedigung im 1902 eröffneten neuen Theater am Habsburger Ring beim Rudolfplatz, an der Grenze zwischen Altstadt und Neustadt. Und genauso, wie sich hier alt und neu auf ein lokales Maß nivellierten — Kölle blieb nämlich auch in seiner Neudimensionierung Kölle —, so nivellierte

64 *Opernhaus, innen*

sich auch das Kunstleben im neuen Musentempel auf das Lokalmaß: ein dauerndes Schwanken zwischen Verstand und Herz, zwischen Geist und Seele, bei dem am Ende das Gemüt obsiegte — man blieb eben Kölle! Mehr noch als die äußere festliche Pathetik des neubarocken Baues von Carl Moritz trug die innere überschwengliche Ausgestaltung und Ausmalung dazu bei, die sogenannte »rheinische Gefühlsduselei« über ernsthaften Kunstgenuß siegen zu lassen — womit der Theatererneuerung in Köln manche Chance verstellt wurde. Man machte es dadurch auch dem im alten Haus an der Glockengasse verbliebenen Schauspiel besonders schwer. Aber es war wohl nicht von ungefähr dahingekommen, wenn man

65 *Opernhaus, außen; 1902 eröffnet*

bedenkt, was zu Beginn der zwanziger Jahre der Kölner Theaterwissenschaftler Carl Niessen über das Kölner Publikum sagte: »Es läßt sich nicht verkennen, daß der Rheinländer durch die Sonderart seiner Genußfreudigkeit den rein sinnlichen Wirkungen der Künste am meisten zugetan ist bzw. sein muß: seien es leuchtende, prunkende Farben, melodisch-weiche Klänge ... Gedankliche Probleme, weltanschauliche Auseinandersetzung sieht er nicht gern durch die Kunst angeregt. Verglichen mit dem norddeutschen Kunstgenießen ist der Wille zur Kraft des Ausdrucksringens erweicht durch die Freude an glänzender Oberfläche. Am leichtesten vermag Musik die bewegliche Begeisterungsfähigkeit zu wecken. Verbinden sich mannigfaltige Schauwirkungen mit Gesang und rauschenden Wogen der Töne, die aus dem Orchester strömen, ist der Siedepunkt erreicht: Die Oper ist gerade, weil sie manchmal betrüblich-heiteres Gemisch aller Sinnenreize darstellt, die Lieblingsgattung des Rheinländers. Sogar das wuchtige Drama läßt er sich gefallen, weil er nicht bemerkt, wenn es in den Ring des Gesamtkunstwerkes ›eingegangen‹ ist ... Den Besuch des Schauspiels fördert natürlich die Sensation in jeder Form, denn die Lust an Neuem ist beim Rheinländer groß, doch erschöpft sich das Interesse leider meist mit dieser Neulust. Sonst müssen schon Sonderwirkungen possenhafter Ausgelassenheit, ein volles Maß von Rührseligkeit vorhanden sein, um dem Sprechdrama eine Wirkung in die Breite zu sichern. Gerade die Lust am Sentimentalen ist noch stärker als die, manches Drama gehobenen Stils störende, unzeitige Lachfreudigkeit ... Das Taschentuch bleibt in Bewegung: Eben hat man noch das Herausprusten notdürftig damit abgedämpft, dann beginnt schon ein allgemeiner Schneuz-Chor der raschen Ergriffenheit, die freilich beim Glase Kölsch bald verschwitzt ist und meist nicht einmal das Verlassen des Theaters überdauert ... In manchen Zügen ist der Rheinländer dem Wiener verwandt, doch fehlt ihm leider die tiefe Herzensliebe zum Theater ... Mit dem Wiener teilt der Rheinländer auch die Schwäche, daß er bei altgewohnten Bühnenmitgliedern keine Schwächen und keinen künstlerischen Abstieg gewahrt ... Zur Unzeit nahm man Rücksicht und brachte durch Schonung einzelner Mittelmäßigkeiten eine ganze Stadt um die Erneuerung des Theaters ...« So war's denn oft schön, aber, wie man sagt, nicht immer gut im Opernhaus — sofern nach kölnischer Lebensphilosophie das Schöne nicht grundsätzlich auch das Gute ist! — Das Opernhaus am Rudolfplatz wurde 1943 zerstört, der kölnische Charakter in Dingen des Theaters aber dürfte geblieben sein.

66 *Am Waidmarkt*

67 *Hauptpost (rechts)*

Während das Opernhaus das markante Profangebäude im westlichen Teil des Kölner Halbrundes war, präsentierten sich im Süden das »Haus zur guten Quelle« am Waidmarkt und im Norden beim Bankenviertel die Hauptpost als städtebauliche Dominanten. Die beiden Gebäude lagen sozusagen an Eingang und Ausgang der historischen Nord-Süd-Achse, der Hohe Straße. — Wo im Mittelalter im Schatten von St. Jakob die Kölner Färber das Waid erhandelt, es gewaschen und zum Färben benutzt hatten, an jener Senke beim Duffesbach, durch die es nach St. Severin und weiter nach Bonn ging, an der Ecke Waidmarkt/Blaubach also, war bei den kleinparzellierten kölnischen Wohnhäusern 1876 das Kolossalgebäude entstanden, in das P. W. Ossendorf sein 1838 gegründetes Geschäft legte. Der Titel des Kaufhauses, »Zur guten Quelle«, wurde die Bezeichnung für den ganzen Bau, der damals das größte neuzeitliche Geschäftshaus Kölns darstellte. Vorher hatte an dieser Ausfallstraße nach Süden das Gasthaus »Em Bönnsche Posthof« gelegen, der bereits 1430 als Gasthaus zum Gülich erwähnt ist. Eine Zeitlang war er »Einlagerungsherberge«, d. h. ein Schuldarresthaus, in welchem viele geistliche und weltliche hohe Herren zeitweise Wohnung nehmen mußten, dabei aber sehr gut lebten und für die Nachbarschaft eine ergiebige Einnahmequelle (also schon damals eine gute Quelle) waren. Im 18. Jahrhundert ist der Gasthof Posthalterei und auch Druck- und Redaktionssitz des amtlichen Organs, des »Staatsboten«. Unser Bild kurz nach der Jahrhundertwende läßt noch die günstige Lage für eine Posthalterei erkennen, wenn nun auch schon die ersten elektrischen Bahnen daherrumpeln und das Bahndepot in der nahen Weißbüttengasse (hinter der »guten Quelle«) von Hafer auf Strom umgestellt ist. Der einstige öffentliche Marktbetrieb ist in die 1886 erbaute Bezirksmarkthalle (im Hintergrund, an der Severinstraße, sichtbar) verlegt . . ., die man ebenso auf dem Platze des alten Karmeliterklosters errichtete, wie vorher die Garnisonbäkkerei (1815), das Wachgebäude (1841) und das Friedrich-Wilhelm-Gymnasium (1825), in seiner preußischeinfachen Architektonik vom bombastischen Quellenhaus-Stil im tatsächlichen und übertragenen Sinn dickteurisch in den Schatten gestellt. Nach dem Ersten Weltkrieg wurde aus dem »Kaufhaus zur guten Quelle« das vielbesuchte Restaurant »Handelshof«. Heute steht an dem im Zweiten Weltkrieg von Bomben zerpflügten Platz das Hochhaus des Polizeipräsidiums. — Wo die Hohe Straße ihren nördlichen großen Abzweig zu den Ringen hat, breitet sich das Kölner Bankenviertel aus. Hier, mit kurzem unterirdischem Anschluß zum Hauptbahnhof, setzte 1889—92 die Post ihr Zentralgebäude hin. Ursprünglich befand sich an dieser Stelle ein Dominikanerkloster, das man aber ab 1816 mit Artilleristen belegt und somit zur Kaserne umgewandelt hatte. Für den Neubau der Post wurden Nachbargrundstücke hinzugewonnen, und es breitete sich um ein großes, regelmäßiges Rechteck, das innen nüchtern-sachlich dem Zweck entsprechend eingeteilt war, eine Architektur, »entsprechend dem Einwirken August Reichenspergers in frühgotischen Formen, die als Einzelheiten additiv gesehen sich dem Schema des klassizistischen Großgebäudes mit Risaliten zuordnen« — wie es in einer Baubeschreibung heißt. Mit dieser baulichen Demonstration fiel auch das Ende der »Kölnischen Privatpost« zusammen, die noch bis 1900 betrieben worden war. Das im Zweiten Weltkrieg stark beschädigte Gebäude der Hauptpost wurde wesentlich vereinfacht wiederaufgeführt. Die damalige Bergisch-Märkische Bank gegenüber (seit 1893) wandelte sich 1914 in die Deutsche Bank.

Es ist ein interessantes soziologisches Phänomen, daß die Fortentwicklung vom Individualbetrieb zum Massen- und Monopolbetrieb, die sich um die Jahrhundertwende abzeichnete, ihre Entsprechung in einer Mammutarchitektur und in einer Vergröberung des Gebrauchsstiles findet. Wie persönlich muten noch die Stempel und Marken der Kölner Privatpost an! Es gab im 19. Jahrhundert mehrere »Leute«, so muß man in der gebotenen bürgerschaftlichen Charakterisierung sagen, die im Kölner Raum das vertrauensvolle Geschäft der Brief- und Paketbeförderung besorgten. Seit 1861 bestand ein privater Expreß-Paketverkehr Mülheim—Deutz—Köln und umgekehrt. 1886 erhielt der Hofspediteur C. Vrankken die Erlaubnis zur privaten Briefbeförderung. Ihm folgten August Kirchhoffer und Heinrich Schneider mit der »Circularbeförderung«, die 1889 zum internationalen Brief- und Circularverkehr ausgeweitet wurde. Damals reichten als »Gebührenquittungen« noch Ein- und Zwei-Pfennig-Briefmarken. Die letzte private Gründung im Geschäft der schnellen und sicheren Korrespondenzübermittlung erfolgte 1893 mit der »Mülheimer Privat-Briefbeförderung«. Klagen über diese unbehördlichen zwischenbürgerlichen Dienstleistungen sind nicht geschichtskundig. Aber dennoch schlug am 31. März 1900 ihre letzte Stunde: Sämtliche Privatpostbetriebe in ganz Deutschland wurden aufgehoben.

68 *Tietz-Passage Hohe Straße / St. Agatha*

69 *Erfrischungsraum im Kaufhaus Tietz*

70 *Eingang zum Zoo*

Im Eifer des kölnischen »Gotikticks« war die zeitgenössische Kunst so gut wie ganz übergangen worden: der Jugendstil. Jedenfalls sah man ihn nicht an offiziellen und Großbauten. Mit einer Ausnahme: beim Kaufhaus Leonhard Tietz. Dessen zweiter Erweiterungsbau von 1902 im Terrain Hohe Straße/Blindgasse/St. Agatha mit der weithin bekannten Tietz-Passage (von Hohe Straße nach Agatha) präsentierte sich in prächtigstem Jugendstil. Hier gab es sogar schon einen verlockenden Erfrischungsraum, ebenfalls im Jugendstil ... womit belegt ist, daß die Geschäftsleute damals auch schon wußten, wie man Kunden umwirbt. Das stetige Wachsen des 1891 nur auf einer kleinen Ecke begonnenen Geschäftes ließ aber auch den Jugendstilbau nicht mehr ausreichen: Der Durchbruch der Gürzenichstraße bot Gelegenheit für einen Kaufhausneubau »mit dem klarsten Grundriß der Welt«. Architekt W. Kreis gab ihm eine Fassade von stark eigengeprägter spätrömischer Klassik. Jedoch auch dieser 1914 vollendete Bau mußte nach dem Zweiten Weltkrieg durch einen neuen ersetzt werden: Den alten Kaufhausriesen hatten die Bomben ausgehöhlt.

Wenn schon die Kaufhäuser mit gastronomischen Einrichtungen die Kölner umwarben, wieviel mehr denn die reinen Vergnügungsstätten. Zum Zoologischen Garten in Riehl pilgerte oder fuhr man schon seit 1860. Dort gab es natürlich auch Speise und Trank, Musik und Tanz. Die beiden Pförtnerhäuschen und die röhrenden Hirsche auf den Eingangspostamenten sahen Generationen; erst in unseren Tagen mußten sie einer Neugestaltung weichen. Genauso lange (seit 1863) kennen die Kölner auch die nach dem Entwurf des Königlichen Generalgartendirektors Peter Josef Lenné angelegte Flora, gleich neben dem Zoo. Der Wintergarten in zieriger Eisenkonstruktion mit viel Glas sah manche bunten Bälle und Vergnügungen. Die große Porzellanvase, die Kaiserin Augusta als Protektorin gestiftet hatte, war gewissermaßen Unterpfand für eine situierte Geselligkeit. Die Floragesellschaft, eine private Aktiengesellschaft, hatte oft wirtschaftliche Sorgen, bis die Stadt verschiedene Lasten abnahm. Die gepflegten Anlagen, die seltenen Gewächse — zu denen 1914 der Botanische Garten hinzukam, den man wegen Eisenbahnerweiterungen vom Vorgebirgstor hierhin verlegt hatte — sowie die verlockende Gastronomie zogen die »feinen Leute« an. Die Gegend schien aber prädestiniert auch fürs breite Volksvergnügen, und so entwickelte sich die sagenhafte, mit den tollsten Attraktionen bestückte »Goldene Ecke«. Der »Kurfürstengarten« an der Ecke Kaiser-Friedrich-Ufer und Frohngasse war sozusagen das Eingangstor zu dieser Glückseligkeit.

71 *Flora mit Wintergarten*

72 *Restaurant »Kurfürstengarten«*

73 *Amerikanischer Vergnügungspark beim Fort X*

74 *Restaurant in der Ulrepforte*

75 *Restaurant »Karl der Große«*

Neben dem »Kurfürstengarten« fing es gleich gruselig an mit Breuers Panoptikum, wo es berühmte Männer in Wachs zu sehen gab. Gleich beim Eingang grüßte Massenmörder Haarmann. Ein Kabinett besonderer Art war das anschließende »Panorama«, ein Rundbau, in dem Dioramen, also plastische Schaubilder, historische Szenen vor Wandgemälden darstellten, z. B. die Schlacht von Gravelotte und die Kreuzigung Christi. Jenseits der Riehler Straße, auf dem Terrain vor Zoo und Flora, lockten das Riehler Ballhaus, das Sommertheater, welches später Tattersall wurde, eine Rollschuhbahn und schließlich der »AVP«, der Amerikanische Vergnügungspark. Vom Riehler Fort X war es nur ein Katzensprung zu diesem Rummelplatz der Superlative. Hier boten sich sämtliche Kirmesvergnügungen, und es war Ehrensache, daß man mit den Kommunionkindern am zweiten Tag zum Zoo und zum AVP ging. In der Wirtschaftskrise der zwanziger Jahre hörte auch hier »das Vergnügen auf«! — Zum Bummel und zu gastlicher Einkehr luden auch die Ringe ein, wenn man »Wattlers Fischerhaus«, zwischen dem Kurfürstengarten und dem Deutschen Ring gelegen, passiert hatte. Die Baumreihen gaben Schatten, die Cafés und Wirtschaften gaben Speis und Trank. Auf dem Kaiser-Wilhelm-Ring hatte der Stadtbaumeister Stübben schon bei der Anlage des Boulevards ein Gartencafé erbaut. Die Partie Hohenzollernring/Friesenplatz bot gleich drei Einkehrgelegenheiten: den »Edengarten« mit bühnenbestücktem Ballsaal (später »Friesenpalast«), das »Café Hohenzollern« und das »Café Adler« an der Ecke Hohenzollernring/Friesenstraße. — Am Sachsenring hatte Stadtbaurat Vinzenz Satz die alte, biedere Ulrepforte mit Windmühlenturm und Caponnière zu einer Weinwirtschaft mit gotischen Elementen umgebaut. Statt des früheren Kegeldaches zierte eine gotisierte Spitzhaube den deftigen Turm, und rundum war eine hölzerne Aussichtsgalerie angeklebt. Dieses neuzeitlich-altertümlich genutzte Stück der einstigen Stadtbefestigung war im Besitze des Kommerzienrats Guilleaume, dessen Frau es 1907 der Stadt schenkte. In der durch den Zweiten Weltkrieg von den stilfremden Anbauten befreiten Ulrepforte haben heute die Roten Funken ihr Kasino. Mit springbrunnengezierter Gartenwirtschaft und lüstergeschmücktem großem Fest- und Versammlungsraum war auf der Aachener Straße zur rechten Hand »Karl der Große« eins der attraktivsten Restaurants. Hier hielt nach der Aufhebung des Bismarckschen »Sozialistengesetzes« die deutsche Sozialdemokratie 1893 einen ihrer ersten Parteitage ab und nahm den Antrag der Kölner Mitglieder entgegen, »aus der in Köln als Kopfblatt erscheinenden ›Rheinischen Zeitung‹ ein selbständiges, täglich erscheinendes Organ zu gestalten, das zur Bekämpfung der Zentrumspartei eine absolute Notwendigkeit ist«. Dem wurde nach dem Parteitag entsprochen. In den zwanziger Jahren war der Bau Bürohaus, dann Arbeitsamtsnebenstelle; Mitte der dreißiger wurde er abgerissen.

76 *Residenztheater. Bismarckstraße*

77 *Zivilkasino am Augustinerplatz*

Für Zerstreuungen und zur Erbauung kultureller Art gab es in Köln eine Reihe von bedeutenden Stätten, die ihre Existenz der Privatinitiative verdankten. So zum Beispiel das 1901 von dem Berliner Theaterleiter Hasemann in der Bismarckstraße etablierte intime »Residenztheater«. Sein Programm war vielseitig; man gab moderne Dramen (so kam u. a. Hauptmanns »Weber«-Tragödie hier zum erstenmal in Köln zur Aufführung), Lustspiele, Schwänke, Gesangspossen, ja auch Operetten. Zunächst schien das neue Theater geschäftlich zu florieren, dann aber, besonders seitdem in den Stadttheatern das Schauspiel mehr gepflegt wurde, verschlechterten sich die Verhältnisse, und Hasemann mußte die Direktion aufgeben. Es kamen mehrere Nachfolger, die sich aber alle nicht zu halten vermochten. 1909 übernahm Alfred Bernau die Leitung. Er strebte danach, das Theater, dem er von 1910 ab den Namen »Deutsches Theater« gab, zu einer Pflegestätte des modernen Dramas zu machen. Aber obwohl er mit seinen Inszenierungen die Gunst des Publikums fand, vermochte auch er sich auf die Dauer finanziell nicht zu behaupten. 1913 verließ Bernau Köln. Nach kurzen Zwischendirektionen gliederte die Stadt das Institut als Kammerspielhaus dem Schauspielhaus an.

Trotz Benutzung auch von Besucherorganisationen hielt sich das Theater in der Bismarckstraße aber nicht und wurde später in die vom Hohenzollernring her zu betretenden Capitol-Lichtspiele umgewandelt. — Eine andere private Theaterstätte war das 1906 in der Apostelnstraße eröffnete »Metropoltheater« an Stelle der Ende der neunziger Jahre entstandenen »Philharmonie«. Es war gerade die Zeit, da die moderne Operette einen neuen Aufschwung nahm. »Die lustige Witwe«, »Der Walzertraum«, »Die Dollarprinzessin« machten volle Häuser. Als aber die Schlager ausgingen, verlief sich das Publikum. Das Metropoltheater nahm nur noch zeitweilig gastierende Truppen auf. »Jobs lustige Bühne« hatte hier noch einmal eine gewisse Anziehungskraft. — Das »Reichshallen«-Operettentheater in der Gertrudenstraße entstand aus dem 1878 an Stelle des ausgebrannten »Geistenstätz« (zur Erinnerung an den großen Kometen von 1858 so genannt) und des »Gertrudenhofs« geschaffenen »Circus Carré«. Dieses Zirkushaus faßte 3000 Personen und hatte Stallungen für 90 Pferde; es hatte zwei Cafés, zwei Restaurants und eine Warmwasser-Rohrheizung im Zuschauerraum. Es war mit ausgedehnten Wand- und Deckenmalereien verziert und diente abwechselnd Zirkus- und Theatervorstellungen. Das nachfolgende »Reichshallen-Theater« ging mit dem Dritten Reich »zom Troor«, zur Trauer, zu Grabe, wie die Kölner sagen. — Treffpunkt der besseren Gesellschaft war das Zivilkasino am Augustinerplatz. Nachdem zur Franzosenzeit Augustinerkirche und Augustinerkloster für eine Platzausbildung abgebrochen worden waren, setzte 1831/32 die Casino-Gesellschaft ihr von dem Schinkelschüler J. H. Strack in schönem klassizistischem Stil entworfenes Vereinshaus an die Ostseite des Platzes. Vordem hatte die Gesellschaft (welche 1809 unter dem Namen »Primaire Gesellschaft« gegründet worden war) ihr Domizil am Neumarkt im alten Hackeneyschen Hof gehabt. Der große Saal des neuen Hauses nahm die beiden oberen Stockwerke ein und hatte eine umlaufende Galerie. — Die vielen musikalischen Veranstaltungen von weitreichendem Ruf im Casino, im Gürzenich (hier die »Niederrheinischen Musikfeste«) und in anderen Kölner Sälen und Privatsalons hatten ihren schulischen und wissenschaftlichen Rückhalt in dem aus privater Initiative hervorgegangenen »Konservatorium«, das seit 1873 ein Haus in der Wolfstraße besaß.

78 *Konservatorium Wolfstraße*

Das Gesellschafts- und Vereinsleben war im Köln des ausgehenden 19. und beginnenden 20. Jahrhunderts stark ausgeprägt. Es gab repräsentable Vereinshäuser, in denen ebenso ausgelassen Karneval gefeiert wie inbrünstig Dichterlesungen gelauscht wurde. Kegelbahnen, Weinkeller, Orchesterplätze, Wirtschaftsräume, Lesezimmer, Spielzimmer, Gartensäle gehörten zur selbstverständlichen Einrichtung. Einige hervorstechende Vereinsnamen waren bzw. sind heute noch: die schon erwähnte »Casino-Gesellschaft«, die »Gesellschaft Erholung« (1845 gegründet: im mehrmals vergrößerten Haus Marienplatz etabliert, später im Casino vereinigt), die Loge »Minerva Rhenana« (seit 1858 am Apostelnkloster, ab 1884 dort im eigenen Neubau bis zur Vertreibung durch die Nationalsozialisten); die »Bürgergesellschaft« (1863 gegründet; von 1893 bis in den Zweiten Weltkrieg im eigenen Haus an Appellhof/Röhrergasse); die »Lesegesellschaft« (1872 gegründet; seit 1878 bis zur Zerstörung 1942/43 im eigenen Haus Langgasse/Mörsergasse). — Ein weiteres geselliges Haus war seit 1872 (bis 1942) die »Wolkenburg« an Cäcilienstraße/Wollküche, das Domizil des 1842 gegründeten Kölner Männer-Gesangvereins. Hier spielte auch die lustige Theatergruppe des KMGV, die »Cäcilia Wolkenburg«, ihre »Divertissementchen«, eine bühnendilettantische Persiflage und Parodie auf Zeit und Raum, in der sich kölnisches Wesen unbekümmert selbstdarstellt. — Biedermeierisch ernster, weil literarisch ambitioniert, waren die von Johann Fastenrath mit der »Litterarischen Gesellschaft«

79 *Die »Loge« in der Apostelnstraße*
80 *Haus der »Bürgergesellschaft«*

seit 1899 aufgezogenen »Kölner Blumenspiele«, die alljährlich im Gürzenich stattfanden. Sie sollten in Erinnerung an die Troubadoure »den edlen Ehrgeiz der Dichter anfeuern und den Sinn für Poesie und Dichtkunst in breiten Schichten des Volkes wecken als ein wohltätiges Gegengewicht gegen Versumpfung und Materialismus«. Unter dem Wahlspruch »Vaterland — Glaube — Liebe« wurden jeweils am ersten Sonntag im Mai »zur Förderung der Poesie unter den Dichtern des Rheinlandes und Westfalens« Preise verliehen. Für die verschiedenen Gattungen gab es verschiedene Auszeichnungen; fürs beste Liebesgedicht eine lebende Blume mit gestickter Schleife, fürs beste religiöse Gedicht ein goldenes Veilchen, fürs beste vaterländische eine goldene Kornblume, für die beste Humoreske eine goldene Nelke (einmal von Willi Ostermann errungen) und für die beste Novelle eine goldene wilde Rose. Der Sieger im Wettbewerb um das beste Liebesgedicht durfte die Königin des Festes wählen. Man erkor oft fürstliche Damen, auch ausländische, deren Gunst für dieses Kölner Spiel dann eitel Wonne bei Veranstaltern und Teilnehmern auslöste. An Stelle der erlauchten Königin durfte eine Dame der Kölner Gesellschaft das Amt vertretungsweise führen.

81 *Szene aus dem Divertissementchen Feensee, 1892*

82 *»Blumenspiele«*

83 *Castans Panoptikum. Hohe Straße*

84 *Kölsche Wirtschaft »Em Zuckerpuckel«*

Die Pathetik gewisser Gesellschaftskreise hatte ihr profanes Gegengewicht in der Freude vieler Kölner am Kuriosen, am Ulkigen. Daher waren sie fleißige Besucher von Castans Panoptikum im Hause Hohe Straße 11—13 ... und spaßig-gesellige Zecher in den kölschen Bierwirtschaften, deren es ungezählte gab. Manche hatten eine lange Tradition, wie z. B. der »Zuckerpuckel« am Bollwerk. Der urtümliche Belustigungs- und Geselligkeitstrieb der Kölner schloß damals so wenig wie heute den Sinn für die ernsten geistigen Phänomene aus, besonders wenn sie sich sozusagen »handgreiflich« darboten in der bildenden Kunst. Es war ja nicht die bloße Augenweide, die beispielsweise den reichen Bilderschatz des Wallraf-Richartz-Museums verehren ließ, es war auch ein natürliches, tolerantes Verhältnis zur individuellen Eigenart jedweder Schöpfung und Materie, zur Vielgestaltigkeit der Ausdrucksweisen, zum phantasiereichen, Formen setzenden Künstlertum. Man hatte Gespür und Verstand für angewandte Kunst. Und so gehörte auch dem Kunstgewerbemuseum am Hansaring viel Sympathie. Dieses war ursprünglich, wie die meisten Museen dieser Art, nur als eine Sammlung von Vorbildern zur Anregung des Handwerks gedacht gewesen. Aber als zu dem kunstgewerblichen Grundstock aus dem Wallraf-Schatz viele weitere wertvolle Stücke kamen, empfahl sich doch bald ein eigenes, großes Museum. Die seit 1888 damit belegte ehemalige Taubstummenschule An der Rechtsschule erwies sich bald als zu klein, und die 400 000-Mark-Stiftung des Kommerzienrats Otto Andreae machte es möglich, im Jahre 1900 ein eigenes Haus am Hansaring zu beziehen. Architekt Franz Brantzky baute es »in den Formen der Cölner Renaissance, mit Erkern, Treppengiebeln und reichen Friesen mit Blattornamenten« — gleich selbst ein Kulturzeugnis der nachromantischen Epoche des 19. Jahrhunderts.

Man überbot sich in Stiftungen zur Mehrung des kulturellen Ansehens der Stadt. Kommerzienrat Andreae war dem Möbelfabrikanten Jakob Pallenberg mit der Spende für den Bau zuvorgekommen, und so übernahm Pallenberg es, einen repräsentativen Saal im Kunstgewerbemuseum auszugestalten. Der »Pallenbergsaal«, vom Jugendstil-Maler Melchior Lechter entworfen und von Pallenbergs Fabrik ausgeführt, zeigte den Stand des Kunstgewerbes am Ende des 19. Jahrhunderts und war das Prunkstück und Pilgerziel im Hause. 1910 gesellte sich zum Kunstgewerbemuseum in einem Anbau noch die Stiftung des Domkapitulars Schnütgen mit christlicher Kunst und 1913 in einem weiteren Ergänzungsbau die Stiftung Fischer mit ostasiatischer Kunst hinzu.

◁ 85 *Wachsfiguren im Panoptikum*
86 *Erstes Kunstgewerbemuseum, An der Rechtsschule*

87 *Teil des Pallenbergsaales im Kunstgewerbemuseum am Hansaring*

88 *Kunstgewerbemuseum am Hansaring*

89 *Volksgarten*

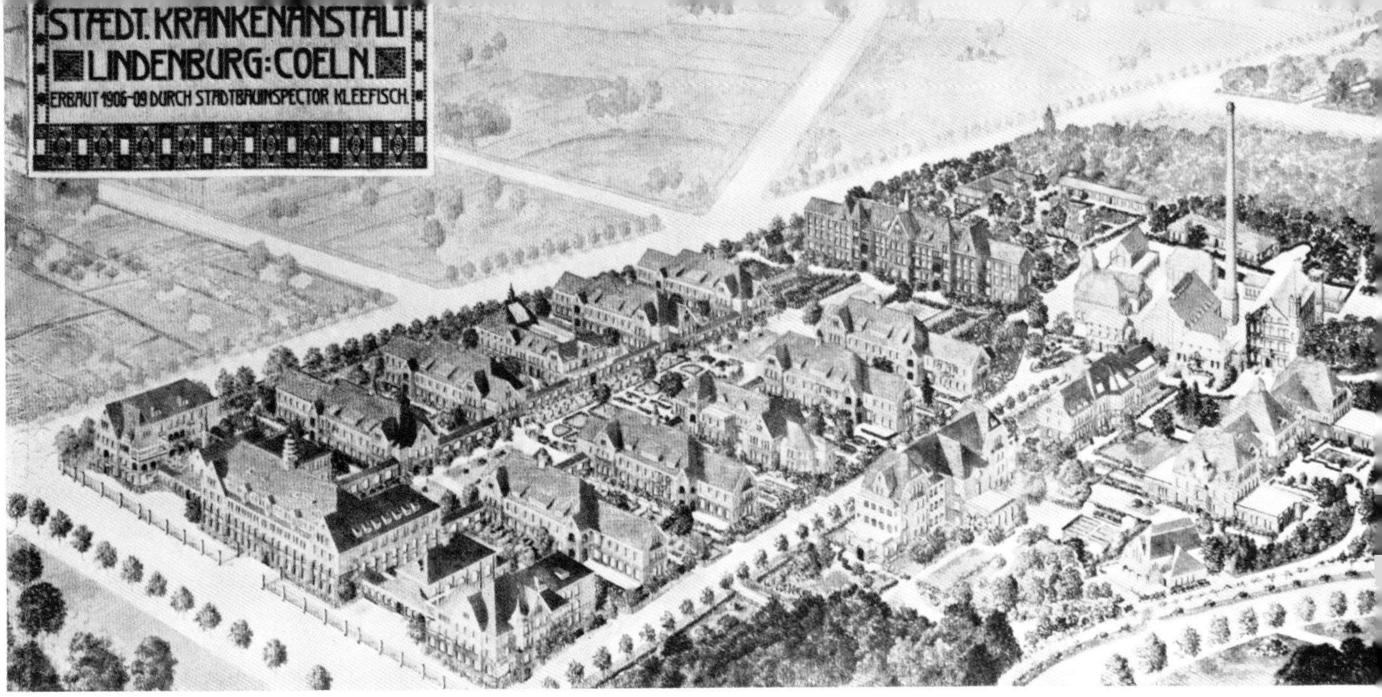

90 *Entwurf für die Krankenanstalten Lindenburg*

Die Stadt konnte seitdem mit berechtigtem Stolz hohe und höchste Herrschaften ins Kunstgewerbemuseum führen. Dieser große und großartige Museumskomplex wurde ein Opfer der Bomben des Zweiten Weltkrieges. Halbwegs erhalten blieben dagegen das 1906 aus den Stiftungen Rautenstrauch-Joest entstandene Völkerkundemuseum am Ubierring und die 1905/1907 in der Nähe am Römerpark erbaute Handelshochschule, die von 1919 bis 1934 die wiedergegründete Universität und dann bis Kriegsende die Nazi-Gauleitung beherbergte.

Zur körperlichen Erholung waren und wurden eine Reihe von Parkanlagen geschaffen; als erste 1887 der Volksgarten, wo es auch Konzerte im Freien gab. 1906 begann man, die Städtischen Krankenanstalten Lindenburg (früher Privat-Irrenanstalt) mit über tausend Betten zu einer Weltdemonstration des modernen Krankenhausbaues herzurichten.
Im selben Jahr wurde auch die Südbrücke begonnen, die aber am 9. Juli 1908 mit traurigen Schlagzeilen in die Weltpresse kam: Morgens, um 10.30 Uhr, war ganz plötzlich die eiserne Gerüstbrücke über der mittleren Durchfahrtsöffnung eingestürzt, 26 Arbeiter waren dabei verunglückt, 13 von ihnen tödlich.

91 *Einsturz des Baugerüstes der Südbrücke. 1908*

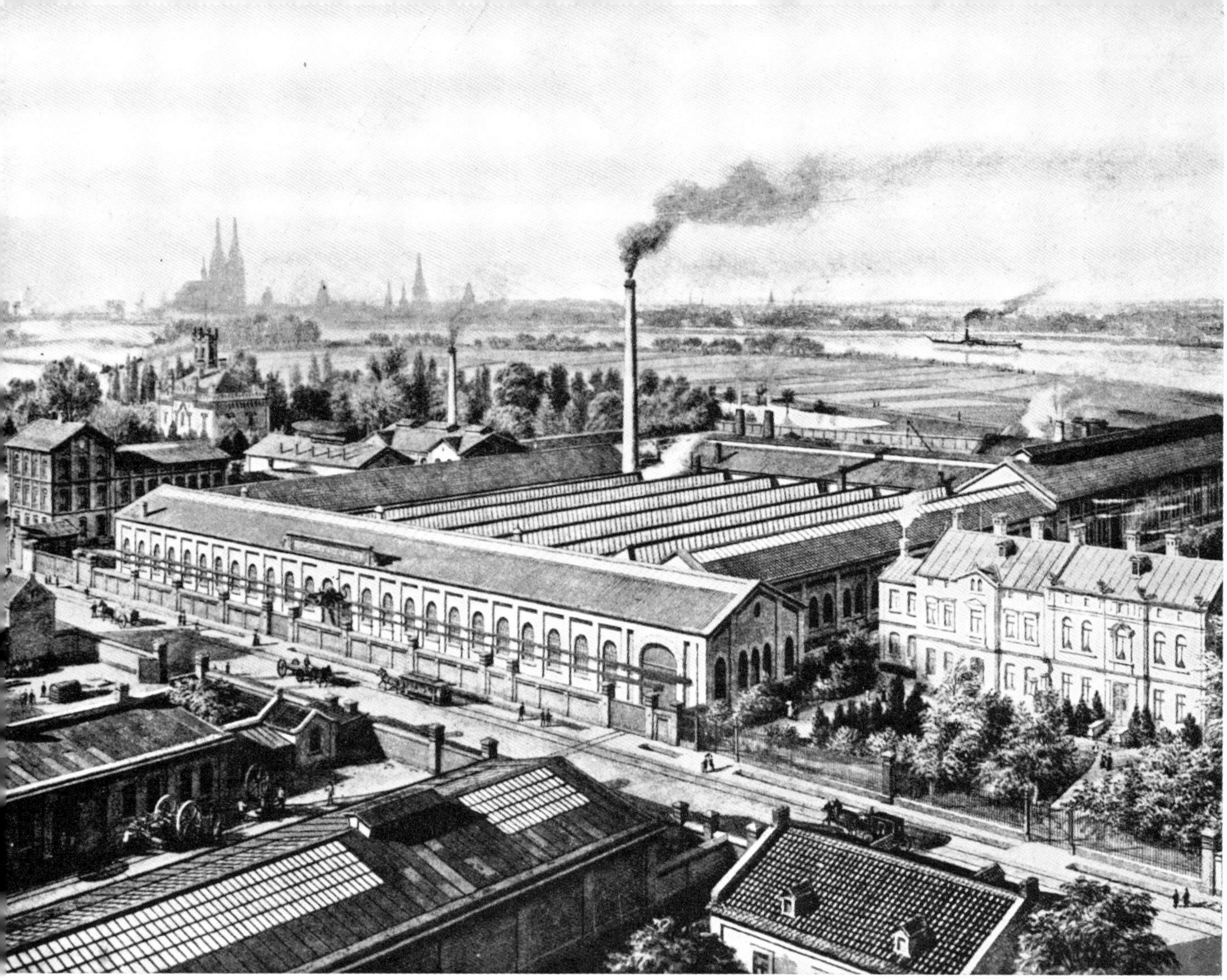

92 *Gasmotorenfabrik in Deutz*

93 *Zusammenwachsen von Köln (+), Kalk (++) und Vingst (+++)*

94 *Poller Milchmädchen mit Eselskarre*

Es war also, bei aller traditionsgebundenen und mentalitätsbedingten Ruhe, eine Art Aufbruchstimmung in der Stadt. Aufbruch zu neuen Taten und Ufern. Alle Unternehmungen wuchsen auf einmal in einen größeren Zuschnitt. Die großen Fabriken am Rande der Stadt trugen nicht nur mehr und mehr zum soziologischen und sozialen Gepräge der Stadt bei, sie trugen auch verpflichtend den Namen Kölns weit in die Welt, wie zum Beispiel die Gasmotorenfabrik Deutz, die durch den Motorpionier Nikolaus August Otto schon das Programm der Zukunft im wahrsten Sinne des Wortes ankurbelte: die Motorisierung der Welt. Bis in die Zeit der dröhnenden und jagenden Automobile blieb das Haus im Fabrikterrain an der Deutz-Mülheimer Straße stehen, in dem Otto, Daimler und Maybach gelebt und die Probleme der Großproduktion von künstlichen Pferdestärken durchdacht hatten. — Wo früher noch bäuerlich genutztes Land gewesen, siedelten mehr und mehr die Arbeitskräfte der Industrie. Und die Stadt wuchs mit einigen Nachbargemeinden so eng zusammen, daß die Grenzen zwischen den Häuserzeilen verliefen, wie z. B. in Bild 93, wo Köln (+), Kalk (++) und Vingst (+++) auf Straßenbreite aneinandergerückt sind. Aus dieser Entwicklung zog man die Konsequenz: Am 1. April 1910 wurden Kalk und Vingst nach Köln eingemeindet. In der Stadt, in der jahrhundertelang Handel und Handwerk den Ton angegeben hatten, wuchs nun auch Industrieproletariat heran. Die »Soziale Frage« wurde immer lauter gestellt; die Fabrik- und Arbeitervororte Kalk, Mülheim, Ehrenfeld, Nippes, Bayenthal warfen ihr Gewicht in die kommunalpolitische Waagschale, stellten an Verkehr, Schulen, Gesundheits- und Sozialfürsorge großstädtische Forderungen. Der Unternehmer als Patriarch wurde in Frage gestellt.

In dieser Phase der zivilisatorischen und kulturellen Experimente und Expansionen gab es frappierende Kontraste, die das ganze Ausmaß der Fortentwicklung von der alten Idylle zur Großstadt aufblitzen ließen: Die »Poller Milchmädcher« fuhren nach alter Sitte per Eselskarren »in die Stadt« (in die Poll schon seit 1888 eingemeindet worden war), um dort die Erträgnisse ihrer Weidewirtschaft von den Rheinwiesen abzusetzen.

95 *Militär-Luftschiff-Halle in Bickendorf. 1909*

96 *Bau der Hohenzollernbrücke. 1909/11*

Die ersten Luftschiffe schrieben über Länder und Kontinente hinweg des Menschen Genius an den Himmel. Bei den Flugdemonstrationen des Jahres 1909 war auch Köln Station. In der Militär-Luftschiff-Halle in Bickendorf bestaunten die Kölner die flügellosen Riesenvögel, die bei einem spannenden Landemanöver von Soldaten in Sondermission an die fesselnden Leinen genommen und dann in die Halle zwischen Kappesfeldern bugsiert worden waren. Ein frühes Interesse des Militärs an der Eroberung des Luftraumes wurde damals schon deutlich, dieweil noch reichlich Phantasie dazu gehörte, vom Verkehrsstern Köln eine Zacke auch ins Firmament weisen zu sehen. Der Flugplatz Butzweiler Hof wurde dann doch zu einem der frühen Requisiten der Fliegerei. — Das Schwergewicht des Verkehrs lag vorerst noch bei der Eisenbahn. Ihr hatte man 1907 an Stelle der nur zweigleisigen Gitterbrücke (»Muusfall«) eine viergleisige Bogenbrücke zu bauen begonnen. Dabei vollbrachten die Ingenieure geradezu phantastische Techno-Akrobatik: Sie schnitten das alte Gegitter in vier Teile und ließen ein jedes auf Schwimmböcken an Land bringen, wo man es demontierte. Das sah man sich nicht nur neugierig vom Ufer aus an, das schickte man auch Tante Emma auf Postkarte. Da konnte man wieder einmal sehen, daß Köln kein Dorf war! Die Verschrottung der alten Brücke war übrigens das erste große Geschäft der

97 *Einweihung der Hohenzollernbrücke. 1911*

98 *Kaiser-Kavalkade per Automobil. 1911*

später so einflußreichen Firma Otto Wolff. — Zur Einweihung der neuen, auf den Namen Hohenzollern getauften Brücke am 30. April 1911 kamen Ihro Kaiserlichen Majestäten höchstselbst. Ein gekröntes Zelt auf der Brückenrampe war zu ihrem Schutz errichtet, und die Militärkapelle spielte »Heil Dir im Siegerkranz«. Das nahe »Hôtel du Nord« hatte eine einmalige Chance, Fenster zu vermieten — aber das wurde wohl erst eine Erfindung späterer Jahre, es ist laut Foto jedenfalls alles leer; vielleicht aus Sicherheitsgründen. Die jubelnden Untertanen standen weit weg unten am Dom, dieweil die Honoratioren abgesondert dem Kaiser Aug' in Aug' begegnen durften. Der Zeit voran, war Wilhelm II. samt Gefolge natürlich per Automobil vorgefahren. Mit dieser modernen, weißleuchtenden Kavalkade ging er auch wieder »op Rett«, auf Ritt, wie die Kölner sagen ... auf Reisen, wie man es verallgemeinern und gleichzeitig spezialisieren könnte: denn Wilhelm II. hieß »der Reise-Kaiser«.

Die Kölner hatten es ihm schon einige Monate vorher gestochen: Bei der Enthüllung seines Reiterstandbildes auf der Brückenrampe kam eine Reisetasche zutage, die ihm ein Witzbold umgehängt hatte!

99 *»Wahlmeeting« in Riehler Rennbahn. 1910*

Es war überhaupt etwas Despektierliches aufgekeimt im Volke. Untertanengeist vertrug sich nicht mehr recht mit der freien Persönlichkeitsentfaltung, die das neue Zeitalter der Gesellschaft abforderte. Die politischen Agitationen waren geprägt von diesem Umschichtungsprozeß und in Abstufungen revolutionär oder reaktionär. Es gab einen ständigen Kleinkrieg um ein allgemeines Wahlrecht (bis 1918 bestand das Dreiklassenwahlrecht), und es gab großangelegte Demonstrationen, wie z. B. das »Wahlmeeting« von 1910 im Riesenoval der Radrennbahn in Riehl, wo auf Aufruf der Sozialdemokraten besonders die Arbeiter protestierten, weil diese auf Grund ihrer geringen Einkünfte von der Wahl ausgeschlossen waren.
Die unterschiedlichen politischen Tendenzen hatten in Köln drei hervorragende publizistische Wortführer: die »Kölnische Volkszeitung«, katholisch und konservativ, »Zentrum«; die »Kölnische Zeitung/Stadt-Anzeiger«, liberal und national, »Liberale«; und die »Rheinische Zeitung«, sozialistisch und demokratisch, »Sozialdemokraten«. Ihre Fehden blieben nicht nur auf dem Papier. Die Stadt war aus dem Häuschen, als es 1912 den Kölner Sozialdemokraten gelungen war, dem Zentrum den Reichstagssitz abzujagen. Die Zeitungen hatten in diesem Ringen fleißig mitgewirkt. So galten Verlags- und Redaktionsstätten der Blätter als prononcierte Meinungsstützpunkte: die »Kölnische Volkszeitung« seit 1900 in dem Neubau Marzellenstraße (vorher Ecke Bahnhofstraße/Marzellenstraße) mit einer Fassade »in den reizvollen Formen des altkölnischen Übergangsstils der Gotik in die Renaissance«, geziert mit den Bildern Johann Gutenbergs, Ulrich Zells und des hl. Josef ... die »Kölnische Zeitung/Stadt-Anzeiger« seit 1906 auf dem zuerworbenen Eckgrundstück Breite Straße/Langgasse in dem Neubau »von vornehm-kraftvollem Barockstil«, geziert mit der Pallas-Athene, welcher zwei markige Männergestalten — eine mit Weltkugel, die andere mit Griffel — zu Füßen liegen ... und die »Rheinische Zeitung« seit der Jahrhundertwende in einem Altbau um Ursulaplatz (vorher Hämergasse und St. Agatha), ohne kostbaren Schmuck, aber mit direkter Nachbarschaft der Marktfrauen vom Ursulamarkt. Diese Arbeiterbastion im nördlichen Teil der Altstadt hatte ein südliches Pendant: das 1905 gebaute »Volkshaus« auf der Severinstraße, wo sich die Gewerkschaften sammelten.

102 *Haus »Rheinische Zeitung«. Ursulaplatz* ▷
103 *»Volkshaus« Severinstraße* ▷▷

100 *Haus »Kölnische Volkszeitung«. Marzellenstraße*

101 *Haus »Kölnische Zeitung«. Breite Straße*

104 *Athletenklub*

105 *Turnverein*

106 *Freibad im Rhein*

Es war die Zeit erwachenden Selbstbewußtseins der Individuen, das sich auch in zunehmender sportlicher Betätigung und freier Körperpflege ausdrückte. Wenn auch die plüschenen Arabesken von damals kuriose, weil in sich widersprüchlich erscheinende Bilder zustande brachten, so war doch das innere Streben gesund; man war eben noch nicht bis zur Ablösung des äußeren Muffs der Stehkragen und Schleppröcke vorgedrungen... bis auf jene köstlichen Stunden, da man allen Konventionen zum Trotz sich ihrer für ein Freibad ganz entledigte.

107 *Radfahr-Club*

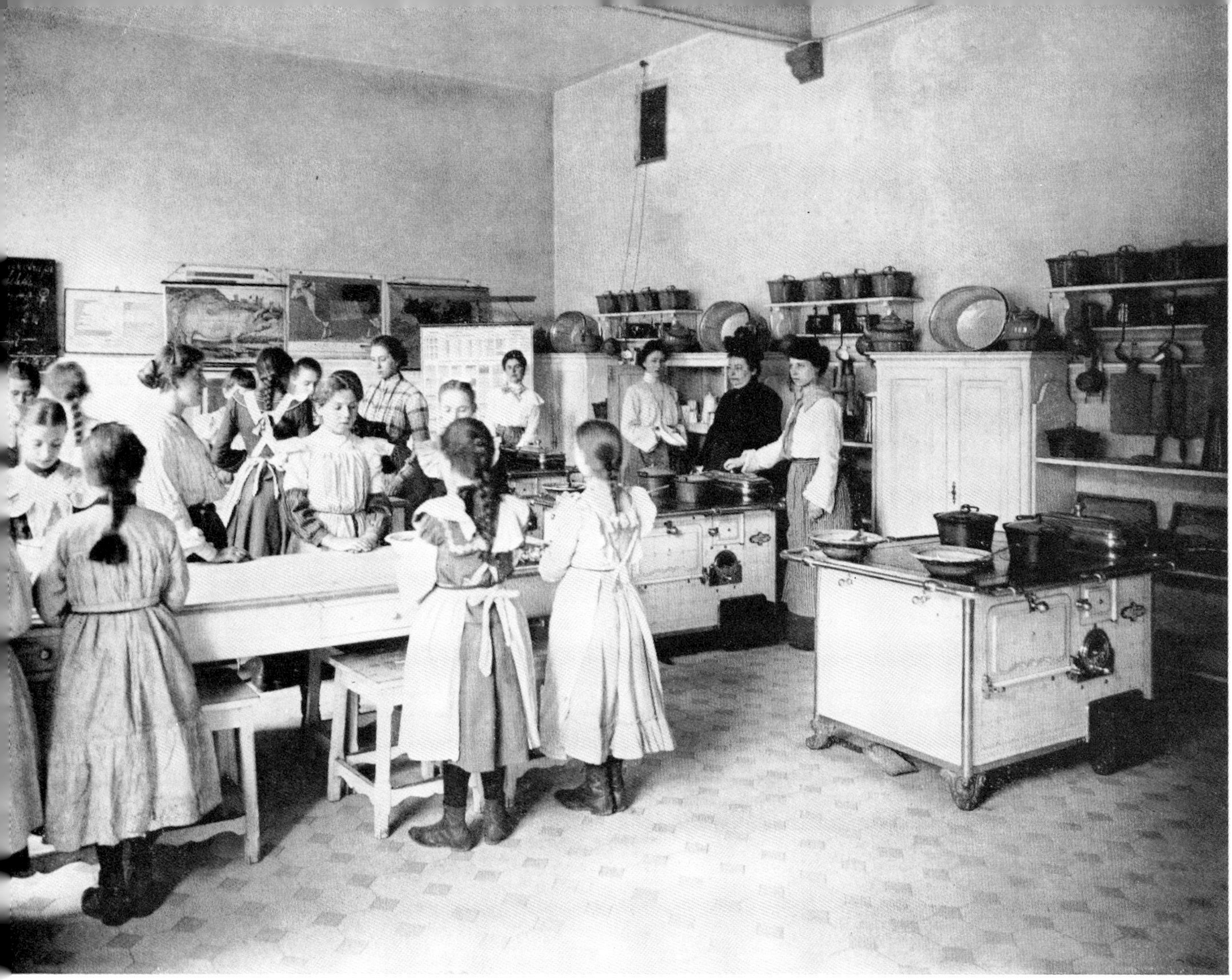

108 *Kochunterricht in einer Volksschule*

109 *Prozession*

110 *Haus Feinhals*

Die Schulen von damals blieben am längsten dem Licht, der Luft und der Sonne versperrt, im tatsächlichen und im übertragenen Sinne. Und es brauchte noch evolutionärer und revolutionärer Entwicklungen, ehe die Einsicht allgemein wurde, daß Gläubigkeit und Inbrunst, wie sie dem hilligen Köln gemäß waren, nicht nur im halsengen und knöchellangen Kleide möglich sind. Daß die in den siebziger und achtziger Jahren des vorigen Jahrhunderts allmählich eingeführten Volksschulen aus Pfarrschulen mit Pfarrbezirksgrenzen hervorgegangen waren, blieb noch lange bemerkbar. Zwar leistete die Stadt viel im Schulbau und schuf für die verschiedenen Bedürfnisse verschiedene Schultypen, aber in Pädagogik und Lehrstoff wurden nur schwer die Grenzen überwunden, die bei vielen Lehrern durch deutschnationale oder konfessionelle Denkweise gezogen waren. Vaterland und Religion — das eine mehr vom Staat, das andere mehr von der Stadt betont — bestimmten den Geist vieler Schulen. Sturer Gehorsam, Zucht, Nachsitzen und Strafarbeit blieben oft die einzigen Erinnerungen an die Schulzeit. An Gemeinschaftsschulen und Ko-Edukation gar kein Denken. Es bedurfte noch vieler Faktoren, z. B. des Sports, um an freiere Auffassungen und an von Weltanschauungen unbelastete Bildungsmethoden heranzufinden. Zunächst hatten die Schülerinnen noch Degradierungen und schlechte Zensuren zu gewärtigen, wenn sie im ärmelkurzen oder ärmellosen Kleid den Unmut bigotter Lehrpersonen auf sich zogen. Mief und Muff verschwanden erst aus den Schulen, nachdem sie auch in der Gesellschaft verzogen waren.

Die feinnervigere Kunst deutete schon früh auf Wandel zu klarerem Lebensstil hin. Das Haus, das sich der Kunstfreund Josef Feinhals 1908 von dem Architekten Joseph Maria Olbrich im Stadtteil Marienburg erbauen ließ, gilt als ein Hinweis auf neue Wege: ohne falsches Pathos, funktionsgerecht, von imponierender Gestalt gerade durch seine Schmucklosigkeit.

Feinhals gehörte zu den Förderern der modernen Kunst. Ihm ist es mit zu verdanken, daß eine weltweit wirkende Demonstration der künstlerischen Avantgarde in Köln stattfand: die Ausstellung des »Sonderbundes westdeutscher Kunstfreunde und Künstler zu Cöln 1912« in der Halle am Aachener Weiher. Dort erhielt die sterilpathetische Historienmalerei ihren Todesstoß durch die Wucht von 577 lebensträchtigen Werken internationaler Künstler wie van Gogh, Cézanne, Gauguin, Munch, Braque, Matisse, Picasso, Signac, Vlaminck, Vuillard, Marc, Kandinsky, Jawlensky, Klee, Kokoschka, Nolde.

111 *Halle der Sonderbund-Ausstellung. 1912*

Ein »Revolutionskomitee des Geistes und des Stiles« könnte man die Gruppe nennen, die sich damals im Van-Gogh-Saal fotografieren ließ: von rechts, stehend: Lehmbruck, Heckel, Thorn-Prikker, Verbeek, Clarenbach, Creutz, Ophey, Reiche, Klug, Flechtheim; sitzend: Kirchner, Feinhals, Hagelstange, Deusser. — Dieselbe Absicht einer Gesinnungs- und Geschmackserneuerung hatte die große Werkbund-Ausstellung 1914 auf jenem Gelände am Rheinufer, das später Messegelände geworden ist. Es ging um die Durchsetzung werkgetreuer und zweckbezogener Architektur. Das Werkbund-Theater von Henry van de Velde erregte besonderes Aufsehen. — Es war ein Treppenwitz der Geschichte, daß ausgerechnet in jene »neue Welt« die Verteidiger der »alten« einquartiert wurden, nachdem der Erste Weltkrieg ausgebrochen und die Werkbund-Ausstellung ein vorzeitiges Ende gefunden hatte.

112 *Künstler und Organisatoren der Sonderbund-Schau. 1912*

113 *Werkbund-Theater von Henry van de Velde. 1914*

114 *Soldaten im Werkbund-Gelände. 1914*

115 *Gelände der Werkbund-Ausstellung. 1914*

116 *Kriegsproklamation. 1914*

117 *Kölner Jugend sichert das letzte Geschütz. 1918*

118 *Revolutionsversammlung auf dem Neumarkt. 1918*

Was die Bevölkerung aus den Extrablättern der Zeitungen zunächst mit Kriegsbegeisterung aufgenommen hatte, wandelte sich im Laufe von vier qualvollen Jahren in einen Bruch mit der Monarchie und mit der »guten, alten Zeit«. Wenn auch die Frontarmeen in äußerlicher Disziplin 1918 über die Hohenzollernbrücke ins unbesetzte Reichsgebiet zurückmarschierten und Kinder sogar halfen, die letzte Kanone vor dem Sieger zu sichern, so waren die Ereignisse von 1918 doch eine Wende von historischem Ausmaß. Köln spielte dabei insofern eine bedeutende Rolle, als es hier gelang, die Revolution auf geordnetem Wege durchzuführen, ohne Blutvergießen. Der Arbeiter-und-Soldaten-Rat, den eine Volksversammlung am 8. November 1918 auf dem Neumarkt wählte, wurde Muster für alle Armeen.

119 *Englische Panzer vor dem Dom. 1918*

120 *Wohlfahrtsstelle / Kölner Inflationsgeld*

121 *Beigeordnetenkollegium mit Oberbürgermeister Konrad Adenauer*

Die englische Besatzung, wenige Tage nach Kriegsschluß in Köln eingerückt, demonstrierte ihre Stärke zunächst durch Panzer vor dem Dom (siehe Bild Vorseite) und durch die Einführung der britischen Zeitrechnung. Das Hauptquartier wurde im Hotel Excelsior eingerichtet, dieweil im Rathaus Oberbürgermeister Adenauer mit dem Beigeordnetenkollegium die Aufgabe hatte, zwischen Sieger-Dirigismus und bürgerlicher Selbstverwaltung das Leben in der Großstadt zu stabilisieren und zu entfalten sowie zwischen Separatismus und Reichstreue hindurchzulavieren. — Der verderbenden Welle der Inflation konnte die Stadt aber nicht entgehen; man versuchte, sich über Wasser zu halten durch den Druck eigenen Geldes von schwindelerregenden Summen. Nach Einführung der Rentenmark wurde zwar der Währungsverfall beendet, aber es gab noch viele Arbeitslose, denen die Stadt in den Wohlfahrtsstellen mit billigen Waren half. Mit Notstandsarbeiten wurde auch das Stadion 1924 angelegt.

Künstlerisch produzierte sich auch in Köln, was schon während des Krieges als Konsequenz aus der Auflösung der alten Werte gefolgert worden war: Rückgang auf den unverfälschten Ursprung der Kreatur und Neubeginn in kindlicher Unschuld mit Dada. Es gab eine Dadaistengruppe in Köln, die eine Zeitschrift (»Bulletin D«) herausgab und Ausstellungen veranstaltete. Die zweite Dada-Ausstellung, 1920 im Brauhaus Winter auf der Schildergasse, erregte insofern Aufsehen, als sie wegen »Sittenwidrigkeit« zunächst polizeilich geschlossen, dann aber doch freigegeben wurde.

Lange Zeit schwebte in einigen Köpfen die Idee von einem selbständigen Rheinland. Sie wurde gefördert durch den Mangel an Einfluß der Berliner Zentralgewalt auf die westlich besetzten Gebiete. Man versprach sich auch eine wirtschaftliche Besserung, wenn man sich von dem mit Reparationen belasteten Gesamtdeutschland trennen würde. Natürlich spielten auch persönliche Machtambitionen eine Rolle. Kölns Oberbürgermeister Konrad Adenauer wurde oft der Sympathie oder gar der fördernden Aktivität zugunsten der Separatisten verdächtigt; belegt ist das aber nicht. Immerhin erschien die Zeitung »Rheinische Republik« mit Genehmigung der britischen Militärbehörde!

Einzelnummer 20 Pfg.

Köln, Samstag, den 6. Dezember

Rheinische Republik

Organ des Rheinlandbundes

Aus dem Inhalt: Roske, Parvus und Sklarz im Fangeisen. — Entweder — oder. — Das preußische Verwaltungsprinzip in den Rheinlanden. — Zur europäischen Politik — Vor zwei Jahren. — Abschiedsworte Karl Kautskys. — Warum die nötige Neugliederung des Reichs nicht stattfinden darf. — Aus aller Welt. —

Dr. h. c. Meerfeld, Haenisch, Dr. Helphand (Parvus), Sklarz & Co.

oder

Die versunkene Glocke.

Zeit: Die Gegenwart.

Roske, Parvus und Sklarz im Fangeisen.

Sie reissen aus.

Entweder — oder.

Das preussische Verwaltungsprinzip in den Rheinlanden und die Folgen für die Rheinländer.

123 *Katalog der Kölner Dada-Ausstellung. 1920*

124 *Hindenburg im befreiten Köln. 1926*
125 *Hindenburg und Konrad Adenauer*
126 *Nach Abzug der englischen Besatzung wurde am 31. Januar 1926 vor dem Dom eine Rheinlandbefreiungsfeier abgehalten, bei der Konrad Adenauer vor einer großen Menschenmenge sprach*

Eine Erneuerung auf politischem Gebiet war zunächst durch die britische Besatzung gehemmt. Anfang 1926 zogen die Sieger aus Köln ab, und um Mitternacht des 31. Januar sprach Konrad Adenauer auf einer Befreiungsfeier vor dem angestrahlten Dom, wo sich Zehntausende Kölner eingefunden hatten. — Als beim Besuch Hindenburgs 1926 der »Stahlhelm« mit Sturmriemen und Reichskriegsflagge Spalier bildete, war hinter eine echte politische Erneuerung schon wieder ein großes Fragezeichen zu setzen.
Im kommunalen Raum gelang mit der Gründung der »Kölner Messe« 1924 ein beachtlicher wirtschaftlicher Impuls, der 1928 mit der »Pressa« ins weltweit Repräsentative gelenkt wurde. Davon fielen die Neugestaltung der Messebauten und die Herrichtung der Deutzer Kaserne zum »Haus der Rheinischen Heimat« als handgreifliche Dauergewinne ab.

127 *Erste Kölner Messe. 1924*

128 *Der Majolikasaal im Messegebäude*

129 *Herriot und Adenauer auf der »Pressa«. 1928*

130 *Umgebaute Deutzer Kaserne als »Haus der Rheinischen Heimat«*

In den alten Substanzen und Grundrissen bot sich Köln zwischen den beiden Weltkriegen als eine lebensträchtige Stadt in ansprechender Mischung von Tradition und Moderne dar. Das alte Rheinpanorama war schon seit 1915 durch die Hängebrücke »technisch aufgefrischt«, die modernen Passagierschiffe verkörperten Zuschnitt und Möglichkeiten einer vorangeschrittenen Zeit. Ein Gang durch das Viertel am Strom ließ jedoch erkennen, daß Jahrhunderte ihre Eigenart unverändert hinterlassen hatten: die enge Bebauung, die überhängenden Giebel, das Milieu und die Charaktere, wie sie schon den Vorfahren begegnet waren. Alt-Köln, in einigen Vierteln der Innenstadt lebte es noch. »Auf dem Brand«, »Buttermarkt«, »Lintgasse«, »Auf dem Rothenberg«, »Salzgasse« . . . alles Straßen, die immer noch die

131 *Die »Pressa« abends*

132 *Altes Rheingassenviertel/Lintgasse*
133 *Zeughausstraße. Links Regierungsgebäude*
134 *Salomonsgasse mit »Kaiserhof«*

Bebauung, mit der sie entstanden waren, zeigten. Auch Großbauten der Stadtgeschichte sah man noch in ursprünglichem Habitus das Straßenbild bestimmen, der eine oder andere ein wenig ergänzt, praktikabler gestaltet: z. B. das Zeughaus von 1600 (seit 1920 als Finanzamt genutzt), die Preußische Wache von 1840 nebenan, das Regierungsgebäude von 1830 gegenüber; alle entlang der Römermauer in der Zeughausstraße. Der Rathausturm blickte verständnisvoll in die Salomonsgasse, wo einige Vergnügungsetablissements das »süße Leben« noch bis in die tiefe Nacht hinein wachhielten. Das Kaiserhof-Varieté bot Weltnummern der Artistik sowie Kölsche Revuen, in denen die unverwüstliche Grete Fluß unerreichte Lachkanone war. Die Reklame des Kaiserhofs lautete damals: »Bei aller Sorge der Nachkriegszeit bleibt dem arbeitenden Homo sapiens ein Bedürfnis, sich am Abend zu erholen und aufzuheitern.« Dafür hatte man im Teeraum »Kater« auch noch ein Kabarett parat. Gleichzeitig aber gab es in den Kölner Dancings heißen Jazz und verrückten Charleston, wie es eben die Mode der zwanziger Jahre war.

135 *Panorama mit Hängebrücke in den dreißiger Jahren* ▷

WICKÜLER

136 *Partie am Fischmarkt mit Groß St. Martin*

137 *Hohenzollernring, vom Opernhaus aus gesehen*

Lokalkolorit und Internationalität wirkten zu einem ganz eigenen Gemisch zusammen . . . gleich jenem des Stadtbildes, das sich beschaulich zeigte am Fischmarkt vor Groß St. Martin, betriebsam auf dem Hohenzollernring, gediegen-bürgerlich am Rheinufer beim 1900 restaurierten vierhundertjährigen »Stapelhaus« mit Restaurant und Naturkundemuseum, lustig-altmodisch

◁ 138 *Das Stapelhaus am Rheinufer*

139 *Der »Feurige Elias« an der Luxemburger Straße*

an der Luxemburger Straße, wo der »Feurige Elias« noch bis in die dreißiger Jahre im vorsintflutlichen 15-km-Tempo auf die Vorgebirgsstrecke abdampfte, und rheinromantisch am Kaiser-Wilhelm-Ring beim 1922 aufgestellten Vater-Rhein-Brunnen von A. von Hildebrandt.

140 *Vater-Rhein-Brunnen am Kaiser-Wilhelm-Ring*

Den Heumarkt sah man ebenfalls noch geschlossen gestaltet, wenn auch in mehrfach abgeänderter Bebauung. In großer Schleife umfuhren die Vorortbahnen das Friedrich-Wilhelm-Denkmal, um mit den Ausflüglern auf die nahe Brückenrampe und dann hinaus ins Grüne zu rollen. Diese Brückenöffnung war der erste Eingriff in den Platzcharakter des Heumarktes. Vorher war hier zwar schon viel »gebastelt« worden, aber er war immer ein Platz geblieben: Im 13. Jahrhundert durch Abtrennen vom Altermarkt entstanden, im 16. Jahrhundert zuerst gepflastert, diente er als Markt und hatte Häuserinseln; 1730 setzte man eine Börse hierhin, erneute diese 1820, brach sie 1840 ab und versetzte sie ein paar Meter weiter, nutzte sie schließlich nur noch als Café; auf dem alten Börsenplatz erbaute man 1840 die Preußische Hauptwache (für 50 Mann und 50 Arrestanten), die aber nur bis 1877 existierte; von 1878 an zierte das Denkmal Friedrich Wilhelms III. gut sichtbar in der Mitte aufgebaut den Platz; Bäume und Grünanlagen kamen und verschwanden — es blieben aber die umgrenzenden historischen Bauten, als da waren das Haus Denant von 1597 an der Westseite (bis es 1939 dem »Ost-West-Durchbruch« zum Opfer fiel), das Haus Vanderstein-Bellen von 1541 sowie das Haus zum schwarzen Bären von 1591 an der Ostseite, bis die Fliegerbomben sie niederrissen. — Hinter der Ostfront des Heumarktes aber, zum Rhein hin, hatte man in den ersten Jahren des neuen Jahrhunderts ein idyllisches altkölnisches Viertel von etwa siebzig Häusern für den Bau der Hauptmarkthalle niedergelegt. 1904 wurde diese in Betrieb genommen und tat wohl dem mit der Großstadt gewachsenen offenen Handel, speziell auf Heumarkt und Altermarkt, gute Dienste, aber sie brachte eine ganz ungewohnte, unpassende Wuchtigkeit in diese Gegend. Im Zweiten Weltkrieg wurde sie zerstört. Schon im Mittelalter hatten die Stände auf dem Heumarkt eine durch Übung eingespielte feste Ordnung. In der Mitte war der Lebensmittelmarkt, mehr südlich der Fleischverkauf, nördlich der Käse- und Gemüsemarkt; an der Markmannsgasse standen die Erbsen- und Pfefferhändler. Der Hühner- und Wildbretmarkt befand sich östlich von der Marspforte; nach der Münze zu fand man den Zwiebelmarkt und die Futterverkäufer. Auch in der Neuzeit gab es feste Standorte für die verschiedenen Waren — Händler und Käufer fanden sozusagen blind zueinander. In den gemütlichen Lokalen rund um den Heumarkt wurden Geschäfte gemacht und angenehme Stunden verbracht.

141 *Heumarkt mit Vorortbahnen*

142 *Haus Vanderstein-Bellen. Heumarkt*

143 *Großmarkthalle am Sassenhof*

144 *»Kölnischer Kunstverein« am Friesenplatz*

145 *»Kristall-Palast« auf der Severinstraße*

◁◁ 146 *Senderaum im Funkhaus Dagobertstraße*
◁ 147 *»Westdeutscher Rundfunk«: Reporter Dr. B. Ernst*

148 *Erstes Sechstagerennen in der Rheinlandhalle. 1928*

Die Musen hatten im neuen Jahrhundert einen bedeutenden Zuwachs bekommen: den Film! 1906 war der »Welt-Kinematograph« in der Schildergasse 72/74 wohl der erste Kintopp in Köln. 1917 hatte es in Köln schon 33 Kinos gegeben, 1922 deren 40. Mit dem Karnevalslied »Frau Flöck, die sitz im Kinema«, hatte man das Thema bereits 1913 echt kölsch aufgegriffen. Nun, in den zwanziger Jahren lief das Filmgeschäft auf Hochtouren, besonders als 1928/29 der Tonfilm hinzukam. Das Haus, welches die mittelbare Darstellung über Zelluloid und die unmittelbare auf der Bühne (Varieté) koppelte, war der »Kristall-Palast« auf der Severinstraße. Sein Werbe-Slogan: »Wenn das Sprichwort ›Lachen ist gesund‹ nicht lügt, dann muß man den Kristall-Palast zu den besten Heilstätten zählen.« Andere Filmtheater waren das »Emelka« im Hochhaus und die »Kino für jedermann«, wo der Film »Im Westen nichts Neues« aufrührte. — Für die »ernste Kunst«, die bildende, stand auf dem Friesenplatz das Gebäude des »Kölnischen Kunstvereins« mit der reitenden Amazone von Franz v. Stuck davor. — Ein weiteres künstlerisches und publizistisches Medium und Musenkind war mit dem Rundfunk aufgetreten, der 1926 nach Abzug der Besatzung seinen Sitz von Münster nach Köln verlegte und in der Dagobertstraße ein von der Stadt für den Funkbetrieb hergerichtetes Gebäude bezog, »das schönste Funkhaus der Welt mit dem schönsten Sendesaal«. Die Bespannung des großen Sendesaales bestand aus schwerem, rotweinfarbenem Samt mit bräunlich-grauen Streifen. Es war die Pionierzeit der Funkreportage, in der sich Dr. Bernhard Ernst einen Namen machte. Mit einem beweglichen Mikrophon im Bastlerstil berichtete er auch aus der »Rheinlandhalle«, die 1928 aus dem großen Maschinensaal der Helioswerke in Ehrenfeld entstanden war und zum Schauplatz großartiger Sportveranstaltungen wurde.

Hier startete am 2. November 1928 das erste Kölner Sechstagerennen, bei dem das Kölner Lieblingspaar Rausch/Hürtgen nach begeisternden Spurts Sieger wurde. Opernsängerin Käthe Hedwig hatte den Startschuß gegeben und Willi Ostermann hatte mit dem spontan kreierten Song »Das war ein Spurt, das war ein Spürtchen — es lebe Rausch, es lebe Hürtgen« kölnische Stimmung in die Halle gebracht. Dr. Bernhard Ernst sprach seine Funkreportage aus einem Korb, der hoch über dem Rennoval an der Hallendecke hing.

149 *Karnevalsprominenz mit Henny Porten*

150 *»Café Wien« am Hohenzollernring*

Mit Schwung wogte auch der »Kölner Fasteleer« in den zwanziger Jahren, nachdem 1925 erstmals wieder der Sitzungskarneval und 1927 der Straßenkarneval erlaubt worden waren; vorher hatte die kölnische Fastnacht wegen der ängstlichen Besatzung »fasten« müssen. »Der aufgestaute Hunger der Kölner nach Frohsinn und Lebensfreude sorgte im Verein mit der wirtschaftlichen Hochkonjunktur der Jahre 1925 bis 1928 dafür, daß der Karneval bald seinen äußeren Glanz zurückgewann«, konstatiert ein Chronist. Und unser Foto gibt einen Abglanz von jenem großen Glanz: Fritz Maaß und Thomas Liessem umrahmen die liebliche Filmschauspielerin Henny Porten, und Willi Ostermann scheint zuzugestehen, daß sein Lied »Och wat wor dat fröher schön doch en Colonia« keineswegs die damalige Gegenwart degradieren sollte; ihm schien auch diese schön. — Es war schon ein prachtvolles Leben in Köln, bevor mit der großen Wirtschaftskrise an der Wende der zwanziger zu den dreißiger Jahren das Vorspiel zu einem nationalen und internationalen Trauerspiel begann.

Im tausendplätzigen »Café Wien am Ring« spielten Bernhard Etté, Juan Llossas, Barnabas von Gézy und Fritz Weber zuckersüße Tangos; und in den kölnischen Weinhäusern und Bierkneipen aller Kategorien sah man keineswegs saure Mienen beim »flüssigen Spiel« ... wenn auch oft der äußere Rahmen unterschiedliche Prosperität verriet und bei diesem und jenem Haus dringend nach Sanierung rief.

Zu Beginn der zwanziger Jahre fand man in der Kölner Gastronomie sowohl Namen, die auf lange Tradition zurückgingen, wie auch solche, die Neugründungen im erhofften Boom der Nachkriegsentwicklung bezeichneten. Zur Erinnerung seien hier einige aufgezählt: Weinhaus »Em langen Büggel«, Buttermarkt; »Vanderstein-Bellen«, Heumarkt; »Feenpalast und Colosseum«, Schildergasse; »Em Salzrümpche«, An der Rechtsschule; »Vier Heymonskinder«, Weyerstraße; »Zum Bieresel«, Breite Straße; »Arcadia«, Hohe Straße; »Atlantic«, Hohe Straße; »Zum Marienbildchen«, Bayenstraße; »Zur Kloog«, Am Bollwerk; »Zur Malzmühle«, Heumarkt; »Em Birrebäumche«, Ursulastraße; »Em Krüzzche«, Am Frankenturm; »Im Oertchen«, Ehrenstraße; Brauhaus »Im Hirsch«, Cäcilienstraße; »Metzer Hof«, Salomonsgasse; »Prinzenhof«, Hohenzollernring; »Im Alten Präsidium«, Schildergasse; »Im Hessenland«, Am Bollwerk; »Zur Pechhütte«, Breite Straße; »Brauerei Durst«, Hosengasse; »Brauhaus Bank-Lölgen«, Hohepforte; Brauhaus Wilhelm E. Esser, Budengasse/Unter Goldschmied; »En der Zweispann«, Breite Straße; »Sportpalast«, Raderthal; »Erste Kölner Billard-Akademie«, Hohe Straße; »Künstlerspiele Simplicissimus«, Hohe Straße; »Kölner Hofbräu«, Am Hof; »Zur Timp«, Malzbüchel; »Handelshof«, Waidmarkt.

151 *»Em Salzrümpche«*

152 *Weinhaus Duhr*

Eine der »kölschen Weetschaften«, in denen sich nicht das hohle Amüsiergeschäft abspulte, sondern exklusive Geistigkeit und künstlerische Sinnlichkeit Atmosphäre machten, war die »Kleine Glocke« in der Glockengasse, gleich neben dem Schauspielhaus. Hier demonstrierte der Wirt »Papa Dierse«, wie man eine große Künstlerfamilie mit kölscher Herzenswärme beieinanderhalten kann. — Nicht weit davon entfernt, Ecke Glockengasse und Hämergasse, war die Wirtschaft »Em dekke Tommes« gleichsam eine »Verschwörerhöhle«: Die »Gruppe progressiver Künstler« veranstaltete hier die berühmten Lumpenbälle und brach damit eine belebende Bresche in die erstarrte Pose offizieller Kostümfeste. Diese Ausweitung der privaten Künstler-Atelierfeste zu öffentlicher, gesellschaftsprägender Bedeutung resultierte aus der politischen Aktivität, mit der diese Gruppe die moderne Kunst auffaßte und betrieb. Es ging ihr um mehr als um die Abwandlung und Neuerfindung formaler Möglichkeiten: Sie wollte mittels der Malerei die Welt und die Gesellschaft ändern; bessern natürlich. Aber je mehr durch die restaurierten Biedermeier und Romantiker dieses, unmittelbar nach dem Ersten Weltkrieg so nahe geglaubte Ziel im Laufe der Jahre entschwand, um so kämpferischer wurden die Progressiven: 1929 gründeten sie in der Erkenntnis eines inzwischen notwendig gewordenen langwierigen Positionskrieges die kulturpolitische Streitschrift »a—z«, der die Kölner Maler Franz Seiwert und Heinrich Hoerle das Konzept gaben. Im »Café Monopol« am Wallrafplatz trafen sich die Progressiven zur nüchternen kulturpolitischen Arbeit, im »Dekke Tommes« zur trunkenen rheinischen Maskerade. Das gehörte ihrer Mentalität und der Deutung des Lebenssinnes nach zusammen. Der die Entwicklung der Fotografie wesentlich befruchtende Kölner Fotograf August Sander hat die progressive Lumpenballschar im Bild festgehalten: vorn liegend Heinrich Hoerle, stehend dritter von links mit Schiffermütze Franz Seiwert. Der Streitschrifttitel »a—z« ist auf einem Clownhut dabei. Den Stil dieser expressiven rheinischen Konstruktivisten dokumentiert gut das Hoerle-Gemälde »Zeitgenossen«, das von links nach rechts den Karnevalisten Willi Ostermann, den damaligen Oberbürgermeister Konrad Adenauer, die Schauspielerin Trude Alex, den Boxer Hein Domgörgen und den Maler selbst darstellt. Es ist bei aller architektonischen Strenge und konstruktiven Flächigkeit in fröhlichen Farben gehalten, gleichsam eine korrekt gesetzte heitere Musik! Diese Heiterkeit, als sauberes Grundmotiv des Lebens und letzter Sinn aller Intellektualität, diese füllige geistige Rheinischkeit wurde 1933 gewaltsam erstickt.

153 *Papa Dierse, Wirt der Künstlerkneipe »Kleine Glocke«*

154 *»Em dekke Tommes«, Wiege der Lumpenbälle*

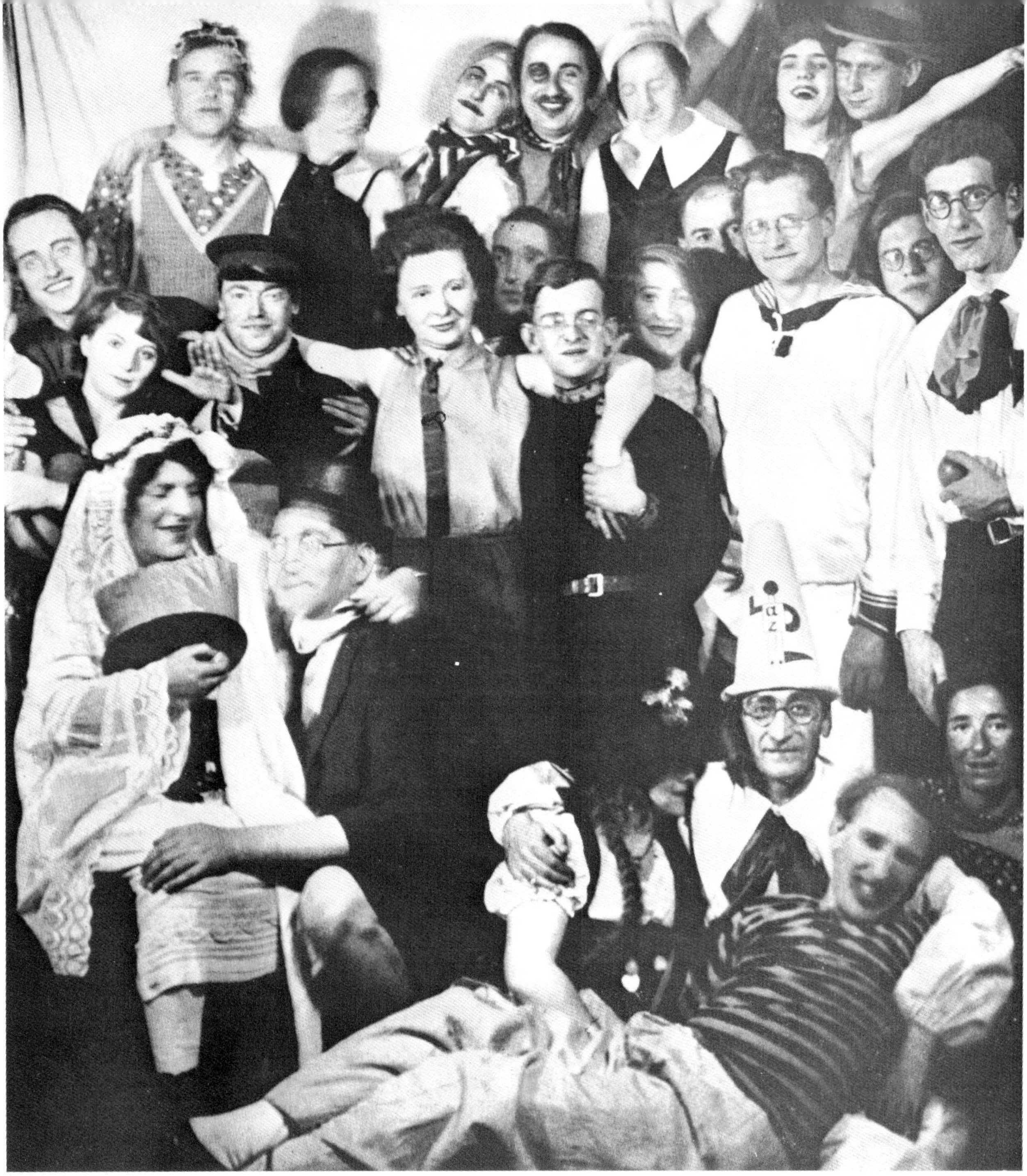

155 *Lumpenball der Gruppe progressiver Künstler*

156 *Bild von H. Hoerle: »Zeitgenossen«*

157 *Bühnenbild von T. C. Pilartz 1924 zu »Königin Tamara« im Schauspielhaus*
158 *Leitende Künstler der zwanziger Jahre*

Wie in der bildenden Kunst, so gab es auch in der darstellenden Kunst in den zwanziger Jahren beachtenswerte Anläufe zur Moderne. Man konnte dies auf einem künstlerischen und organisatorischen Fundament tun, das von Max Martersteig, dem »Philosophen unter den Theaterleitern« in seiner Ära (1904 bis 1911) gelegt worden war. Unter ihm waren Oper und Schauspiel zusammengefaßt, und er schuf eine wirklich große Theaterzeit Kölns. Unter seinem Nachfolger Fritz Rémond kam das Schauspiel zu kurz, so daß die Stadt 1923 Gustav Hartung für die Sprechbühne nach Köln berief. Zunächst übernahm dieser das frühere Residenztheater in der Bismarckstraße als städtische Kammerspiele, dann 1924 das Schauspielhaus in der Glockengasse. Hartung wagte kühne Experimente, hatte aber auch — oder gerade deshalb — großen Zulauf. Leider ging die Hartung-Ära (wie es heißt infolge bürokratischer Querelen) schon 1925 zu Ende. Ihm folgte der sensible Ernst Hardt, Dichter des »Tantris der Narr«. Auch seine Zeit währte nur ein Jahr, denn man übertrug ihm die Intendanz des künstlerisch noch in den Anfängen steckenden Westdeutschen Rundfunks.

159 *Max Martersteig*
160 *Gustav Hartung*
161 *Ernst Hardt*

Hartungs Progressionen schlossen auch das Bühnenbild ein. Dazu hatte er den Kölner T. C. Pilartz aus Darmstadt mit nach Köln gebracht, dem man auch die Leitung einer Klasse für Plastik und Bühnenraumkunst an den Kölner Werkschulen übertrug. Pilartz schuf Bühnenbilder von expressiver Kraft, wie z. B. 1924 eine farbstarke, das Bühnengeschehen übergreifende Dreieckskonstruktion zu Hamsuns »Königin Tamara« (siehe Bild). Er zauberte aber auch rheinische Fröhlichkeit ins Theater, indem er z. B. »Viel Lärm um nichts« in einem bunten Kirmeskarussell spielen ließ, das durch farbige Wände in Einzelschauplätze aufgegliedert und zur Decke hin mit bunten Bändern geschmückt war. — In dieser Zeit glänzte die Oper am Habsburgerring mit großen Namen und Talenten, wie Eugen Szenkar und Erich Walter, die in der deutschen Theater- und Konzertwelt noch viel Aufhebens machen sollten. — In der zweiten Hälfte der zwanziger Jahre mit ihrer permanenten Wirtschaftskrise hieß es »über die Runden« zu kommen; ab 1933 setzte die weltanschauliche Vergewaltigung ein.

162 *Parkhaus im Messegelände*

163 *Sünnerterrasse am Rheinufer*

164 *Mülheimer Schiffsbrücke. 1929*
165 *Mülheimer Hängebrücke*

Die Überwindung des Rheins und das Hinübergreifen der Stadt auf die rechte Rheinseite ging nach dem Ersten Weltkrieg zielstrebig voran. Das 1914 nach Köln eingemeindete Mülheim wurde 1929 mit einer festen Hängebrücke eng mit der Kölner City verbunden; die Schiffsbrücke konnte eingezogen werden. Auch die Uferpartie zwischen Mülheim und Deutz kam unter großstädtischen Zugriff: 1924 wurde nördlich der Hohenzollernbrücke die Messe eingerichtet, die man dann zur PRESSA 1928 architektonisch neugestaltete. Nach Norden schlossen sich Gartenanlagen mit dem gastronomischen »Parkhaus« an. Nach Süden entstand neben der Deutzer Hängebrücke — wo einst der Mindener Bahnhof war — das Restaurant »Sünnerterrasse« mit Blick auf das historische Kölner Rheinpanorama; die alte Deutzer Kürassier-Kaserne nördlich der Sünnerterrasse wurde Museum der Rheinischen Heimat. Mit dieser Aufwertung des rechten Rheinufers zu einer Art internationalem Präsentierteller ging Köln mutig und erwartungsvoll in eine neue Phase seiner Großstadtentwicklung. Die aber wurde 1933 durch politische und 1939—45 durch kriegerische Zwänge jäh abgebrochen.

166 *Dreikönigenpförtchen mit Singmeisterhäuschen*

Hans Schmitt-Rost hat eindringlich diese Vorwegnahme des späteren Schicksals des gesamten Köln so geschildert: »Das letzte Fest im ›Dekke Tommes‹ war zugleich das wildeste und denkwürdigste. Es war der Abend, an dem der Reichstag brannte. . . . An dem darauffolgenden Aschermittwoch saßen wir bei Müller in der Allerheiligenstraße zusammen, und es war uns allen furchtbar schwer ums Herz. Es war einer jener seltsamen und seltenen Augenblicke, in denen man deutlich spürt, daß sich das Schicksal gewendet hat.« — Diese Wende wurde total: was unten gewesen, wurde oben, was oben, wurde unten, im realen wie im übertragenen Sinne. Zu fünfundachtzig Prozent lag die Kölner Altstadt zerstört am Boden, als 1945 die von den Braunen heraufbeschworene Apokalypse verzogen war. Fast alles von dem, was in guten Stücken zweitausendjährige Geschichte dokumentierte, war vernichtet; an sakralen und profanen Gebäuden, an milieuträchtigen Partien verlor diese Stadt unbezifferbare Reichtümer. Fünf Bilder mögen hier stellvertretend stehen: St. Heribert am rechten Rheinufer und Groß St. Martin am linken, das Singmeisterhäuschen mit Dreikönigenpförtchen bei St. Maria im Capitol, das Rheinviertel beim Buttermarkt und das Faßbinderzunfthaus am Filzengraben . . . alles durch ihr hohes Alter und ihre stilvolle Gestalt geheiligte Dinge. Aber auch was an Alltagswerken in der noch lebenswarmen jüngsten Geschichtsphase in der Stadt entstanden war und mit den zugehörigen Ereignissen das Bild der Heimat ausmachte, wurde ausgelöscht, als sei die Erinnerung der Lebenden ein Trug. Die Bilder dieses Buches heben alles noch einmal an den Tag.

Und so entsteht in uns das Bild einer geschichtsprägenden Bürgerschaftlichkeit von reicher Kultur — so, wie sie im Bild mit der gedeckten Tafel im ehrwürdigen Hansasaal des Rathauses eine Art Sinnbild findet. Das Rathaus war die Seele der Stadt. Darum entwickelte sich alles in Köln in individueller Vielfalt, die schon Jahrhunderte vordem die Stadtgemeinschaft trug. Es war daher selbstverständlich und keinerlei Stilbruch, daß auch die neue Zeit in und mit den mittelalterlichen Bürgerbauten lebte. Der Oberbürgermeister hat hier in sinnfälligem Gleichklang die Stadt- und Staatsdemokratie repräsentiert . . . bis mit der diktatorischen Gleichschaltung des Nationalsozialismus auch die makabre Gleichmachung in Trümmern über Köln hereinbrach. Derselbe Hansasaal, seiner kostbaren Ausschmückung und der lebensträchtigen Atmosphäre beraubt, wurde mit seinen ausgeglühten, nackt zum Himmel schreienden Wänden trauriges Sinnbild des Kölner Schicksals . . . und ein Ruf für die Überlebenden, sich um der rechten Tradition willen zurückzuerinnern an jenes Köln — »so wie es war«! Manches — z. B. das Rathaus mit dem Hansasaal — ist in dem Vierteljahrhundert nach Kriegsende wiedererstanden, als historisches Charakteristikum eines neubestellten Köln.

169 *Faßbinderzunfthaus. Filzengraben* ▷
170 *Auf dem Buttermarkt* ▷▷

167 *Inneres St. Heribert. Deutz*

168 *Inneres von Groß St. Martin*

◁ 171 *Hansasaal im alten Rathaus*

172 *Der ausgebrannte Hansasaal (1972 wiederaufgebaut)*

Bildernachweis

Verfasser und Verlag danken den im folgenden genannten Archiven, Institutionen und privaten Leihgebern für die freundlich gewährte Unterstützung mit Bildvorlagen: J. B. Bachem-Verlag, Erich Behnke, Bundesbahndirektion Köln, DuMont-Schauberg, Festkomitee Kölner Karneval von 1823 e. V., Peter Fischer, Kölner Männer-Gesang-Verein, Archiv Carl Lauterbach, Dieter Maguhn, August Sander, Hugo Schmölz, Städtischer Konservator Köln, Ullstein-Bilderdienst, Werkfoto DEUTZ, Westdeutscher Rundfunk Köln, Archiv und Privat; Rheinisches Bildarchiv Köln.